AF645465

EUROPAVERLAG

PAULINE
VOSS

GENERATION KROKODILSTRÄNEN

Über die Machttechniken der Wokeness

EUROPAVERLAG

INHALT

»In Gegenwart der Moral *soll* eben, wie angesichts jeder Autorität, nicht gedacht, noch weniger geredet werden: hier wird – *gehorcht!*«

Friedrich Nietzsche, »Morgenröte«

PROLOG

EINE GENERATION ENTDECKT DEN AKTIVISMUS

Es muss Mitte der Nullerjahre gewesen sein – wir waren zwölf oder dreizehn Jahre alt –, da unterhielt ich mich mit einer Freundin über Politik, und sie sagte: »Ich wäre gerne gegen irgendetwas. Aber es gibt ja nichts, wogegen man sein kann.« Insgeheim sah ich auf ihre Haltung herab: Wenn sich keine Ansatzpunkte für politische Rebellion boten, dann musste man sich diese eben suchen. Und das tat ich.

In unserer Klasse an einem Frankfurter Gymnasium hatte es sich eingebürgert, dass die Clique jüdischer Schüler von allen »die Juden« genannt wurde. Das missfiel mir. Es klang antisemitisch. Also versuchte ich, meine Freunde davon abzubringen. Natürlich sprachen sie weiterhin von »den Juden«, nur mir gegenüber zählten sie fortan umständlich die einzelnen Namen der jüdischen Schüler auf, wodurch jedes Mal eine beklemmende Gesprächssituation entstand, weil jeder von uns heimlich dachte: »die Juden eben«. Mein Gefühl moralischer Überlegenheit wurde dadurch aufgefressen und meine Begeisterung für Sprachregeln getrübt. Die Juden reagierten derweil pragmatisch und nannten sich selbst »die Juden«.

Noch schwieriger gestaltete sich mein Kampf gegen Rassismus. Im Französischunterricht sahen wir antirassistische Kurzfilme und dachten uns Szenen aus, die sich mit Rassismus auseinandersetzten. Ich wollte aber mehr tun. In meiner Fantasie ereigneten sich rassistische Vorfälle, die mein heroisches Einschreiten erforderten. In der Realität ergaben sich solche Gelegenheiten kaum – abgesehen von einer Freundin, die ich beharrlich davon abzubringen versuchte, einen Mitschüler als »Japsen« zu bezeichnen. Und einer Hakenkreuzschmiererei auf dem Korridor, die ich mit Filzstift durchstrich.

Ich sehnte mich nach einem Ventil für mein Interesse an Politik, das einen in jenen Jahren zu einem Alien machte. Die politische Sedierung fühlte sich beklemmend an; als müsse ein nachfolgender Sturm um jeden Preis hinausgezögert werden, auch um den Preis der Selbsttäuschung. Das wichtigste Anliegen der Schülervertretungen waren Kakaoautomaten für die Aufenthaltsräume. Es blieb nichts weiter zu tun, als unseren Lebensstandard »in Afrika« zu verbreiten. Auch wenn ich es nicht wahrhaben wollte, hatte meine Freundin recht gehabt: Es schien nichts zu geben, wofür es sich wirklich zu kämpfen lohnte.

Seit meiner Jugendzeit hat sich einiges verändert. Während ich meinen missionarischen Eifer mit den Jahren abstreifte, entwickelte sich das Missionieren von einem Rand- zu einem Massenphänomen. Wir erleben heute eine Politisierung, vor der es kein Entkommen gibt: Sprache, Essen, Freizeit, Liebe, Sex, Kindererziehung, Fortbewegung, Konsum – alles steht unter Beobachtung. Wo wir früher private Entscheidungen trafen, lastet heute das gesamte Gewicht der politischen Gegenwart auf uns und presst noch der unbedeutendsten Alltagshandlung ein politisches Bekenntnis ab. Sogar die Produkte selbst stellen inzwischen Forderungen auf, wie ich bemerkte, als ich beim Abrollen des Küchenpapiers zwischen aufgedruckten Herzen und Blättchen immer neue Imperative entdeckte: »Do something green today«, stand dort, und: »Kleine Taten verändern die Welt.«

Eine solche Politisierung engt ein. Sie öffnet dem Individuum keinen Raum für politische Forderungen, sondern stellt Forderungen an das Individuum. Es ist ein Zugriff der Politik auf unser Privatleben. Warum aber beteiligen sich so viele junge Menschen an diesem Zugriff? Wie wurde aus einer Generation, die sich für nichts und gegen nichts positionieren wollte, eine Generation von Missionaren?

Ich erinnere mich an eine Demonstration für bessere Bildung, an der ich als Jugendliche teilnahm. Es war ein großer Spaß; nur bei der Parole »Eine Schule für alle, sonst Krawalle!« schwieg ich: Die Drohung mit Krawallen wirkte inmitten der damaligen zuckerwattierten Gedämpftheit lächerlich. Auch wollte mir nicht einleuchten, wie die Abschaffung des Gymnasiums das Bildungssystem verbessern würde. Dass aber politisches Engagement sogar hätte bedeuten können, mich für meine ureigenen Interessen einzusetzen – zum Beispiel für den Ausbau der Begabtenförderung –, wäre mir niemals in den Sinn gekommen. Es stand außer Frage, dass es beim Demonstrieren darum ging, die Chancen für weniger Privilegierte zu verbessern. Rückblickend erscheint mir dies als Kernproblem unserer heutigen Politisierung: An die Stelle der eigenen Interessen ist die Scham als Leitmotiv für politisches Handeln getreten. Wenn ich die politischen Kämpfe meiner Generation betrachte, frage ich mich: Sind es wirklich die eigenen Interessen, die hier verteidigt werden?

So idealisieren Vertreter meiner Generation die sexuelle Emanzipation in einem Maße, als seien sie sämtlich in Klosterinternaten aufgewachsen. Sie sehnen die Auflösung der Geschlechter herbei, um sich von den vermeintlichen Fesseln gesellschaftlicher Konventionen zu befreien. Doch wenn ich mich umsehe, wie meine Generation ihr soziales Umfeld gestaltet – oft in hermetischen Paarbeziehungen, ergänzt um die Familie und wenige enge Freunde – und wie sie sich fast manisch in immer neue sexuelle und geschlechtliche Kategorien einsortiert, dann erscheint es mir, als lege sie sich selbst die Fesseln an, die sie immer vermisst hat. Denn die Ehe schien schon in meiner Kindheit ein eher loser Bund zu sein: Gehe ich die Familien meiner früheren Freundinnen durch, fällt mir kaum eine Familie ein, in der die Eltern nicht seit Langem getrennt sind. Auch Geschlechterrollen wurden schon in den Neunzigerjahren hinterfragt, Eltern verbannten Barbiepuppen aus dem Kinderzimmer, Väter kümmerten sich um die Erziehung. Und während manche von uns als Teenager von einer Hochzeit in Weiß träumten, zeigten sich andere in sozialen Netzwerken knutschend mit ihrer besten Freundin oder outeten sich als bisexuell. Über gesellschaftliche Repression klagten wir nicht.

Ob es die eigenen Interessen sind, die verteidigt werden, frage ich mich auch, wenn sich Frauen meiner Generation durch das generische Maskulinum stärker angegriffen fühlen als durch das patriarchale muslimische Männerbild. Ich erinnere mich nicht, dass wir Mädchen es als ausgrenzend empfanden, wenn wir in Schulbüchern als »Schüler« angesprochen wurden. Die Klassenbesten waren ohnehin meist Mädchen, und sie träumten davon, Ärztin, Architektin oder Schauspielerin zu werden. Schwieriger als die Karriereplanung gestaltete sich damals der Weg zum Sprungturm im Schwimmbad oder zur Schaukel auf dem Spielplatz. Diese wurden oft von muslimischen Jungs besetzt, die noch heute, zu Männern gereift, mit derselben patriarchalen Selbstverständlichkeit den öffentlichen Raum besetzen und Frauen meiner Generationen zwingen, Strategien des Selbstschutzes zu entwickeln. Warum sprechen viele junge Feministinnen lieber über die Diskriminierung, die männliche Migranten angeblich erlitten, als über die Diskriminierung, die von ebendiesen ausgeht?

Auch das Misstrauen meiner Generation gegenüber dem Kapitalismus erstaunt angesichts der Erfolge, die im Westen wie in der ganzen Welt dank der freien Marktwirtschaft erzielt wurden. Junge Menschen, die in einem wohlhabenden liberalen Rechtsstaat aufwuchsen und ihre ganze Jugend der Selbstverwirklichung widmen konnten, untergraben so das Fundament ihrer eigenen Freiheit.

Nicht einmal die Pandemie animierte die Jugend in besonderem Maße dazu, sich politisch für die eigenen Interessen einzusetzen. Im Zweifel plädierten prominente junge Stimmen eher für eine Verschärfung der Maßnahmen als für eine Lockerung. Dabei litt kaum eine Generation so sehr unter den staatlich verordneten Einschränkungen wie diese. Ein Problem, das die junge Altersgruppe besonders betraf, führte also kaum zu ihrer politischen Mobilisierung[1], während die etwa zeitgleich aufkommenden weltweiten »Black Lives Matter«-Proteste vor allem von jungen Menschen getragen wurden – von denen in Deutschland einige gar nicht selbst von Rassismus betroffen waren.

Warum widmet sich meine Generation Problemen mit wachsender Dringlichkeit, je weiter diese von der eigenen Realität entfernt sind? Man bezeichnet uns als »Generation Schneeflocke«: so zart, dass wir uns nur mit eigenen Befindlichkeiten und der Befriedigung unserer Bedürfnisse beschäftigen. Ich halte diese Interpretation für eine Täuschung. In den meisten Fällen handelt es sich um die Simulation von Bedürfnissen, deren Erfüllung dann mit Furor eingefordert wird. Viele der Tränen, die meine Generation öffentlich weint, sind Krokodilstränen. Für unseren eigenen Schmerz haben wir noch kaum eine Ausdrucksform gefunden.

Dieser Generation fehlt der Zugang zu vielen ihrer Probleme, weil sie politisches Engagement nicht primär als Artikulation von Interessen erlebt hat, sondern als Bewirtschaftung des schlechten Gewissens. Als eine Art moralische Steuer auf den Wohlstand und die Sicherheit, inmitten derer sie aufgewachsen ist. Ihr wurde nicht beigebracht, wie man Wohlstand und Sicherheit verteidigt, sondern wie man sich dafür schämt. Diese Scham aber macht sie anfällig für den ideologischen Zugriff von außen.

Die Lücke zwischen einer völlig entpolitisierten Kindheit und Jugend und dem späteren missionarischen Eifer ist kleiner, als sie erscheint. Wer sich als Teenager für Kakaoautomaten einsetzte, kämpft heute eben dafür, dass der Kakao mit Hafermilch zubereitet wird: Die Besessenheit vom Unwesentlichen ist dieselbe geblieben. Beide Haltungen folgen der Grundannahme, dass

Politik bloße Oberfläche ist. Was sie unterscheidet, ist die Agitation, die in der Zwischenzeit im Bildungssystem, vor allem an den Universitäten stattgefunden hat. Gerade weil meiner Generation der Glaube an die politische Selbstwirksamkeit so früh und erfolgreich ausgetrieben wurde, lässt sie sich heute umso leichter für die politischen Zwecke anderer einspannen.

Was wie eine Selbstermächtigung aussieht, ist darum oftmals das Ergebnis einer politischen Instrumentalisierung. Wer aber sind die Nutznießer dieser vermeintlichen Befreiungskämpfe? Wie gelingt es, den kontrollierenden Zugriff als Emanzipation zu tarnen? Warum lassen sich die Weinenden von den eigenen Krokodilstränen überzeugen? Wie verändern diese das politische Gefüge? Und welche Bedürfnisse verbergen sich hinter dem Gefühlsspektakel; wonach sehnt sich diese Generation wirklich? All diesen Fragen wollen wir im Folgenden nachgehen.

KAPITEL I
A WELL RESPECTED MAN

DIE WURZEL DES SPIESSERTUMS

'Cause he gets up in the morning,
And he goes to work at nine,
And he comes back home at five-thirty,
Gets the same train every time.
'Cause his world is built 'round punctuality,
It never fails.

And he's oh, so good,
And he's oh, so fine,
And he's oh, so healthy,
In his body and his mind.
He's a well respected man about town,
Doing the best things so conservatively. […]

And he likes his own backyard,
And he likes his fags the best,
'Cause he's better than the rest,
And his own sweat smells the best,
And he hopes to grab his father's loot,
When Pater passes on. […]

And he plays at stocks and shares,
And he goes to the regatta,
And he adores the girl next door,
'Cause he's dying to get at her,
But his mother knows the best about
The matrimonial stakes. […]

The Kinks, »A Well Respected Man«

Der junge Mann, den die britische Band »The Kinks« 1965 besingt, genießt in seiner Nachbarschaft hohes Ansehen: Er ist pünktlich, er besucht die richtigen Veranstaltungen, er strebt nach dem Erstrebenswerten: »Er ist ein sehr respektierter Mann in der Stadt, tut die besten Dinge auf konservative Weise.«

Fast sechzig Jahre später ist der Typus des »Well Respected Man« noch immer präsent: Statt um Pünktlichkeit allerdings bemüht er sich um Korrektheit, indem er diskriminierungsfrei spricht. Statt zur Regatta geht er zur »Black Lives Matter«-Demonstration, und wenn er mit Geld spielt, dann investiert er in klimaschonende Aktien. Vielleicht hält er seinen eigenen Schweiß noch immer für den wohlriechendsten, doch begehrt er neben den »girls next door« auch Boys und alle dazwischen, denn er ist pansexuell. Er genießt den Respekt seiner Nachbarschaft, wenn auch nicht als Konservativer: Die angesehenen Männer der Gegenwart werden »progressiv« genannt.

Das Gedankenspiel zeigt: Die Wurzel des Spießertums liegt nicht im Konservatismus, sondern im Konformismus. Der »Well Respected Man« verschafft sich, heute wie damals, Respekt durch Anpassung. Nicht individuelle Entscheidungen mehren sein Ansehen, sondern die Unterdrückung seiner Individualität. Die Kontrollinstanz ist eine unsichtbare: Hinter den Gardinen stehen die Nachbarn, selber nicht einzusehen, und beobachten, ob der Anstand gewahrt wird. Dem »Well Respected Man« bescheinigen sie geistige und körperliche Reinheit. Noch heute dokumentiert man seine Reinheit durch die Unterwerfung unter den Zeitgeist. Mit der gleichen Gewissenhaftigkeit wie damals werden gesellschaftliche Regeln erfüllt, um das Ansehen zu steigern. Es geht um das Bild, das man vor der Außenwelt abgibt.

Die »Kinks« allerdings teilten den Respekt für ihren Protagonisten schon damals nicht: Die Band mokierte sich mit ihrem Lied über die Aufrechterhaltung der bürgerlichen Fassade, die gegenüber der Nachbarschaft die eigene Durchschnittlichkeit beweist. Der stolze junge Mann ist in den Augen der »Kinks« ein Unfreier. Schon kurze Zeit darauf wird es der Mainstream ähnlich bewerten. Spätestens in den Siebzigerjahren entwickelt sich die individuelle Entfaltung der Persönlichkeit zum Ideal. Die gesellschaftlichen Normen sind die Front, an der eine ganze Generation ihre Freiheitskämpfe ausficht. Es ist auch die Freiheit der Minderheiten und unterdrückten Gruppen, die dort erkämpft wird: von Frauen, Schwarzen, Schwulen und Lesben.

Ab den Neunzigerjahren verschiebt sich der Freiheitskampf jedoch: Nicht mehr nur die Verhältnisse sollen verändert werden, sondern auch die gesellschaftlichen Diskurse, die diese Verhältnisse beschreiben und sie durch die Beschreibung angeblich prägen. Die unterdrückenden Diskurse müssen dekonstruiert werden; erst durch eine veränderte Sprache könnten sich die Verhältnisse wandeln: Dieser Schluss wird aus der Lektüre jener französischen Philosophen gezogen, die dem Poststrukturalismus zugerechnet werden. Als »French Theory« finden die Ideen von Michel Foucault, Jacques Derrida und anderen Denkern Eingang in die akademischen Debatten der Vereinigten Staaten. Dort entsteht, was heute als »Identitätspolitik« bezeichnet wird und längst auch in Europa die Debatten bestimmt. Wissenschaftszweige wie die Genderstudies, Critical Race Theory oder Postcolonial Studies befassen sich mit der Diskriminierung von Minderheiten, verfolgen dabei aber eine Agenda, die weit über eine bloße Untersuchung der Welt hinausgeht: Die Wissenschaftler wollen die Welt verändern.

Die Theorien der Dekonstruktion werden dabei in einen Imperativ der Rekonstruktion umgewandelt. Die Kräfte, die noch immer für sich in Anspruch nehmen, die Rechte von Minderheiten zu vertreten, haben längst die Deutungshoheit erlangt. Das bedeutet allerdings nicht, dass sich in gleichem Maße die Verhältnisse für Minderheiten verbessert haben, denn darauf zielt die Identitätspolitik nicht ab: Sie strebt die Kontrolle über das Gesagte an. Viele Angehörige von Minderheiten sind darum über die rigiden Regeln, die in ihrem Namen verhängt werden, nicht erfreut.

Es scheint, als hätte sich die Entwicklung der Gesellschaft seit 1965 einmal im Kreis gedreht. Junge Menschen werden heute wieder in ein Korsett des korrekten Verhaltens und einer vermeintlich reinen Weltanschauung gepresst. Nicht die abweichende, sondern die angepasste Meinung wird sozial honoriert. Wer nicht mitmachen will, braucht eine stabile psychische Konstitution, um mit der Isolation zurechtzukommen, mit der ihn »progressive« Kreise strafen. Der »Well Respected Man« von heute darf sich outen, aber frei ist er nicht.

FOUCAULTS WERKZEUGKASTEN

Wie frei ist der »Well Respected Man« aus dem Lied der »Kinks«? Fragte man ihn selbst, würde er sich wohl als frei bezeichnen: Er entscheide selbst, wohin er gehe, wen er liebe, für welche Werte er einstehe. Dennoch wirkt seine Freiheit von außen betrachtet schal: Sein Leben erscheint wie das Produkt der sozialen Zwänge, denen es unterliegt.

Auch heute ist diese Frage nach der Freiheit des Einzelnen innerhalb des gesellschaftlichen Gefüges zentral. Die Anhänger der politischen Korrektheit beharren darauf, dass sie deren Regeln freiwillig befolgten, dass es ihnen gar eine Freude sei, durch eine inklusive Sprache und rücksichtsvolles Verhalten Diskriminierung zu verringern. Die Mechanismen der Cancel Culture empfinden sie als normale und keineswegs repressive Vorgänge innerhalb kontroverser Debatten. Beschwerden über einen verengten öffentlichen »Meinungskorridor«, der definiere, was gesagt werden dürfe und worüber geschwiegen werden müsse, halten sie für übertrieben. Schließlich herrsche im Westen Meinungsfreiheit: Kein Gesetz verpflichte zu einer politischen korrekten Haltung oder Sprache.

Diese Argumentation erstaunt: Ausgerechnet jene, die durch die Dekonstruktion der Diskurse die Verhältnisse verändern wollen, die also das Durchbrechen sozialer Zwänge als ultimatives Machtinstrument propagieren, verleugnen – wenn ihr eigenes Verhalten hinterfragt wird – das Wirken sozialer Zwänge. Dabei zeigte ihr eigener philosophischer Säulenheiliger auf, welche Macht diese Zwänge ausüben: Der französische Philosoph Michel Foucault untersuchte den Einfluss von Normen auf jene Sphären, in die Gesetze nicht hineinreichen. Er entschlüsselte die versteckten Formen dieser normierenden Macht, die den Diskurs lenkt, wo keine übergeordnete Autorität ihn reguliert. Doch obwohl die Denkschule der Wokeness sich auf diese Analysen stützt, blenden ihre Verfechter den repressiven Charakter der Normierung aus, sobald es um ihre eigenen woken Normen geht.

»Alle meine Bücher«, erklärte Foucault 1976 in einem Interview, »sind […] kleine Werkzeugkästen. Wenn die Leute sie öffnen und sich dieses Satzes, jener Idee, einer bestimmten Analyse als Schraubenzieher oder Maulschlüssel bedienen möchten, um die Machtsysteme kurzzuschließen, zu disqualifizieren, eventuell sogar die eingeschlossen, aus denen meine Bücher hervorgegangen sind – gut, umso besser.«[2] Die woken Aktivisten machen sich die Werkzeuge Foucaults in einer Weise zunutze, die seine Theorien entstellt: Anstatt seine Untersuchung totalitärer Machtmechanismen als Analyse zu verstehen, verwenden sie sie als Anleitung zu totalitärem Denken. Darum wollen wir uns Foucaults Werkzeugkasten in diesem Buch zurückerobern: um die Prozesse dieser Entstellung aufzudecken und jene Systeme zu durchleuchten, die aus der Interpretation seiner Bücher hervorgegangen sind. Mit Foucaults Maulschlüsseln wollen wir die Machttechniken der Wokeness auseinandernehmen.

DIE DIGITALE NACHBARSCHAFT

Man darf annehmen, dass der »Well Respected Man« von 1965 alle Straßen seiner Nachbarschaft kannte, ebenso wie ihre Einwohner – zumindest vom Sehen beim sonntäglichen Kirchgang. Seither hat seine Nachbarschaft eine unerwartete Entwicklung genommen: Sie hat sich mit der Erfindung des Internets explosionsartig ausgedehnt. Die sozialen Netzwerke haben die Bedeutung der physischen Nachbarschaft geschmälert und durch eine Weltöffentlichkeit ersetzt, in der jeder zum Publizisten werden kann. Alle menschlichen Regungen, in Bild oder Schrift festgehalten, werden zur Verfügungsmasse in dieser aus unterschiedlichsten Weltregionen verschmolzenen Giganachbarschaft.

Dennoch ähneln die Mechanismen dieser neuen Nachbarschaft jenen der alten, deren gesellschaftliches Korrektiv der Blick durch die Gardine war. Heute ermöglicht das anonyme Nutzerkonto, zu beobachten, ohne selbst gesehen und erkannt zu werden. Wer im digitalen Raum gegen die Regeln des Anstands verstößt, kann sicher sein, bei seinem Fehltritt beobachtet zu werden. Er weiß nur nicht immer, von wem. Die Weiten des Internets verwandelten sich darum von einer Spielwiese für Individualisten in eine Zone des sozial erzwungenen Konformismus. Die digitale Öffentlichkeit wirkt immer öfter wie eine spießige Ansammlung von Gardinenspähern.

Foucault bezeichnete diese sozialen Dynamiken als »Panoptismus«. Er orientierte sich dabei am britischen Philosophen Jeremy Bentham, der im 18. Jahrhundert das sogenannte Panopticon als ideales Gefängnis entwarf: Ein Überwachungsturm in der Mitte eines ringförmigen Gebäudes ermöglicht den Wärtern Einsicht in alle Zellen. Die Gefangenen jedoch haben keine Einsicht in den Turm der Wärter. Bentham, schreibt Foucault in seinem Buch »Überwachen und Strafen«, habe »das Prinzip aufgestellt, dass die Macht sichtbar, aber uneinsehbar sein muss; sichtbar, indem der Häftling ständig die hohe Silhouette des Turms vor Augen hat, von dem aus er bespäht wird; uneinsehbar, sofern der Häftling niemals wissen darf, ob er gerade überwacht wird; aber er muss sicher sein, dass er jederzeit überwacht werden kann.«

Der Druck, den die permanente Sichtbarkeit und die damit einhergehende potenzielle Überwachung auf den Gefangenen ausüben, führe viel effizienter zu seiner Unterwerfung, als ihn in ein dunkles Kerkerloch einzusperren, denn: »Derjenige, welcher der Sichtbarkeit unterworfen ist und dies weiß, übernimmt die Zwangsmittel der Macht und spielt sie gegen sich selber aus; er internalisiert das Machtverhältnis, in welchem er gleichzeitig beide Rollen spielt; er wird zum Prinzip seiner eigenen Unterwerfung.«[3]

Das Panopticon ist für Foucault aber viel mehr als ein bloßes Gefängnis. Es bilde modellhaft die Machtstrukturen der Gesellschaft ab. Foucault schreibt, dass die Mechanismen der Sichtbarkeit des Einzelnen und seiner Überwachung nach und nach die Institutionen und ihre Mitglieder diszipliniert hätten, etwa in Krankenhäusern und Irrenanstalten, in Schulen, beim Militär und der Polizei, im Verwaltungsapparat. Am Ende dieses Prozesses stehen für Foucault die modernen Disziplinargesellschaften, deren Funktionieren wesentlich davon abhinge, dass der Einzelne die Machtverhältnisse internalisiere und sich ihnen unterwerfe.

Den Regeln des Panoptismus unterliegt auch das Internet: Der Druck der Sichtbarkeit hat sich im Alltag erhöht, seitdem sich ein Teil der Privatsphäre durch die Digitalisierung in den öffentlichen Raum verlagert hat. Zwar entsteht diese Sichtbarkeit nicht unter gesetzlichem Zwang, wie es im Gefängnis der Fall ist, denn es ist theoretisch möglich, sich dem digitalen Raum zu entziehen. Dennoch ist der Druck, sich sichtbar und damit für die Öffentlichkeit verfügbar zu machen, groß; besonders unter jungen Menschen: Wer sich digital isoliert, isoliert sich auch sozial. Während wir uns also zeigen, freiwillig die eigene Sichtbarkeit gewährleisten, sind wir der Silhouette des Wachturms gewahr. Die Überwachung ruft sich uns ins Bewusstsein, sobald jemand gegen die Regeln der politischen Korrektheit verstoßen hat und sein Verhalten öffentlich angeprangert wird. In den Netzwerken verbreiten sich die Namen der Regelbrecher als Schlagwort und werden in den »Trends« gelistet, als würde nach ihnen gefahndet.

Es schmälert die Macht der Überwachung nicht, dass nicht jeder Verstoß gegen die Regeln der politischen Korrektheit geahndet, dass nur ein Bruchteil davon überhaupt entdeckt wird. Foucault schreibt über das Panopticon: »Die Wirkung der Überwachung ist permanent, auch wenn ihre Durchführung sporadisch ist.«[4] Im Grunde ist es gleichgültig, ob in einem bestimmten Augenblick der Überwachungsturm besetzt ist oder nicht; allein die Tatsache, dass der Häftling überwacht werden *könnte*, zwingt ihn zu permanentem Gehorsam. Das heute vielfach vorgebrachte Argument, dass es, gemessen an der Menge aller öffentlichen Äußerungen, nur sehr wenige Fälle von Cancel Culture gebe, zielt darum ins Leere: Es ist gerade diese Unberechenbarkeit, die den Einzelnen dazu zwingt, permanent die eigene Einhaltung der Regeln zu kontrollieren, oder in den Worten von Foucault: die Zwangsmittel der Macht gegen sich selbst auszuspielen.

So wird der Einzelne zum »Prinzip seiner eigenen Unterwerfung«: Verzicht und Selbstkontrolle sind seine Ideale. Seine Sprache unterwirft er selbst dann den Regeln der Korrektheit, wenn er damit den Sinn entstellt. Bereitwillig lässt er sich diktieren, zu welchen Themen er grundsätzlich den Mund halten soll, weil er als persönlich nicht Betroffener kein Recht habe zu urteilen.

BEZIEHUNGSNETZ DER ÜBERWACHUNG

Wenn Foucault schildert, wie die Mechanismen der Disziplin die Gesellschaft durchwirken, erscheint es mitunter, als hätte er beim Schreiben unsere Gegenwart vor Augen gehabt.

»Die Überwachung beruht zwar auf Individuen«, schreibt Foucault, »doch wirkt sie wie ein Beziehungsnetz von oben nach unten und bis zu einem gewissen Grade auch von unten nach oben und nach den Seiten. Dieses Netz ›hält‹ das Ganze und durchsetzt es mit Machtwirkungen, die sich gegenseitig stützen: pausenlos überwachte Überwacher.«[5]

Die regulierende Wirkung dieses Beziehungsnetzes erleben wir im Alltag: etwa, wenn wir uns schämen, weil wir ein Wort verwendet haben, das nicht dem neuesten Stand der politischen Korrektheit entspricht. Oder weil wir etwas konsumiert haben, das als besonders umweltschädlich gilt. Fast jeder wird in solchen Situationen schon einmal irritierte oder missbilligende Blicke und Kommentare auf sich gezogen haben von Menschen, denen er eigentlich gar nicht nahe genug steht, um sich in Privatangelegenheiten ihrem Urteil unterziehen zu müssen. Wenn wir einmal eine solch demütigende Erfahrung gemacht haben, ist es verlockend, uns von dieser Scham zu entlasten, indem wir jemand anderen beschämen. Bei nächster Gelegenheit mahnen wir selbst die korrekte Verwendung der Sprache oder bewussten Konsum an.

Dieses normierende Beziehungsnetz wirkt, wie von Foucault beschrieben, in allen Richtungen: nach den Seiten, wenn sich Freunde, Kollegen, Nachbarn belehren. Nach oben, wenn Prominente, Politiker, Wissenschaftler oder Amtsträger durch öffentliche Kritik, mitunter gar Ächtung, ihren Posten oder ihren guten Ruf verlieren. Nach unten, indem Institutionen und Behörden auf direktem oder indirektem Wege Verhalten und Sprache der Bevölkerung normieren.

Zwischen den Ebenen entstehen mit der Zeit Wechselwirkungen: So setzt das Publikum bisweilen Veranstalter unter Druck, Auftritte von Gesprächsgästen oder Musikern abzusagen, weil diese gegen die Regeln der politischen Korrektheit verstoßen haben. Beugen sich die Veranstalter, geht dies meist mit einer öffentlichen Beschämung der vormals eingeladenen Gäste einher: Diesen wird dann vom Veranstalter Transphobie oder kulturelle Aneignung und damit Rassismus unterstellt. Die disziplinierende Macht geht hier verschlungene Wege: Zunächst werden die Regeln der politischen Korrektheit von institutioneller Ebene (etwa durch Universitäten oder Behörden) nach »unten« durchgesetzt. Dort werden sie, zum Beispiel von Studenten, aufgegriffen und nach »oben«, also gegen Veranstalter oder Institutionen, gerichtet. Diese wenden die Regeln nun wieder nach »unten« gegen ihre Gäste, was eine Breitenwirkung nach sich zieht und jenem Teil des Publikums, dem die Regeln bisher unbekannt waren, die Grenzen des Erlaubten aufzeigt.

Auf Dauer braucht es gar keine Missbilligungen mehr, um uns auf politisch korrektem Kurs zu halten. Es reicht aus, dass jemand über seinen eigenen umweltbewussten Lebensstil spricht, um uns die Schweißperlen auf die Stirn zu treiben. Oder dass jemand uns im Wettrennen um korrekte Sprache voraus ist und eine neue, noch korrektere Wortschöpfung kennt – denn in jedem neuen Wort steckt auch die Unterstellung, dass das alte Wort diskriminierend sei. Längst denken wir im Voraus mit, welche Aussagen oder Ausdrucksweisen auf Ablehnung stoßen könnten. Jetzt ist es nicht mehr das Gegenüber, das uns kontrolliert, sondern wir selbst.

Unsere Loyalität gilt also nicht mehr nur jenen, die die Regeln aufstellen, sondern vielmehr den sich stetig neu konstituierenden Regeln selbst. Foucault beschreibt es so: »In der hierarchisierten Überwachung der Disziplinen ist die Macht keine Sache, die man innehat, kein Eigentum, das man überträgt; sondern eine Maschinerie, die funktioniert. Zwar gibt ihr der pyramidenförmige Aufbau einen ›Chef‹; aber es ist der gesamte Apparat, der

›Macht‹ produziert und die Individuen in seinem beständigen und stetigen Feld verteilt.«

»Das erlaubt es der Disziplinarmacht«, so Foucault weiter, »absolut indiskret zu sein, da sie immer und überall auf der Lauer ist, da sie keine Zone im Schatten lässt und da sie vor allem diejenigen pausenlos kontrolliert, die zu kontrollieren haben; und zugleich kann sie absolut ›diskret‹ sein, da sie stetig und zu einem Gutteil verschwiegen funktioniert.«[6] Ebendiese Asymmetrie erleben auch wir: Keine Zone unseres Privatlebens lässt die politische Korrektheit im Schatten. Alles scheint einem Tribunal der Moral zu unterstehen, zu dessen Richter sich jeder beliebige Fremde aufschwingen darf. Gleichzeitig ist es kaum möglich, diesen indiskreten Zugriff als solchen zu benennen: Die Prozesse der Disziplinierung laufen so diskret ab, dass häufig gar ihre Existenz geleugnet wird. Allein die Beschwerde über den Zugriff auf unsere Privatsphäre wird als Beweis einer »rechten« Geisteshaltung gewertet, der eine noch intensivere Disziplinierung rechtfertigt.

DIE PEITSCHE BLEIBT IM STALL

Wir haben es also mit einer Form der Machtausübung zu tun, die so elegant ist, dass sie schwer erkannt und kaum benannt werden kann. Foucault schreibt über die »Kunst der ›guten Abrichtung‹«: »Anstatt einheitlich und massenweise alles zu unterwerfen, was ihr untersteht, trennt sie, analysiert sie, differenziert sie, treibt sie ihre Zersetzungen bis zu den notwendigen und hinreichenden Einzelheiten.«[7]

Zersetzen bis zu den Einzelheiten: Dies scheint die Devise vieler Debatten zu sein, die heute öffentlich geführt werden. Oft steht dabei eine einzelne Person im Fokus, deren Fehlverhalten sich jedoch auf solch spezifische und alltagsfremde Regeln bezieht, dass der Durchschnittsbürger zunächst eine Hintergrundrecherche durchführen muss, um die Vorwürfe überhaupt zu verstehen. Manchmal wirken diese Regeln, als wären sie von einem Zwangscharakter erdacht, der jetzt eben nicht mehr nur wahnhaft die Hände wäscht und dreimal auf die Stuhllehne klopft, um die Welt im Lot zu halten, sondern auch Mitmenschen mit »toxischen« Gedanken meidet und die richtigen Silben an Wörter anhängt.

Wie aber funktionieren die Machtmechanismen des Trennens, des Analysierens, des Differenzierens? Foucault sieht hier ein »System von Vergütung und Sanktion« am Werk: »Die Disziplinarstrafe hat die Aufgabe, Abweichungen zu reduzieren. Sie ist darum wesentlich *korrigierend*. Neben den Strafmitteln, die direkt der Justiz entliehen sind (Geldbuße, Peitsche, Karzer), bevorzugen die Disziplinarsysteme Bestrafungen, die in den Bereich des Übens, des intensivierten, vervielfachten, wiederholten Lernens fallen.«[8]

Auch im Namen der politischen Korrektheit werden juristische Mittel selten eingesetzt, da es sich eher um Verstöße gegen die öffentliche Moral als um solche gegen das Gesetz handelt – die Peitsche bleibt im Stall. Regelverstöße werden mit sogenannten Shitstorms geahndet, dem Pranger im Netz, oft begleitet von medialer Berichterstattung. Manchmal verlieren die Regelbrecher ihre Anstellung, manchmal nur ihr Renommee. Dieser Bestrafungsmechanismus erscheint weniger brutal als Körperstrafen, wirkt sich aber auf perfide Weise auf die Psyche aus, weil der Regelbrecher sozial isoliert und seine Vertrauenswürdigkeit in Zweifel gezogen wird.

In der Regel wird ihm allerdings ein Hintertürchen offengelassen, eine Aussicht auf teilweise Rehabilitation: Durch Üben und Lernen kann er sich bessern. In den letzten Jahren bildete sich ein ganzer Geschäftszweig um diese Rituale der Besserung herum. Einzelpersonen oder Unternehmen können sich beibringen lassen, wie sie den angeblich tief in ihnen und ihrer Kultur verwurzelten Rassismus oder die Misogynie überwinden können. Auch gegen Transphobie, Diskriminierung von Übergewichtigen oder Behinderten hilft professionelles Vokabeltraining: Wer die korrekten Wörter und verbotenen Fragen auswendig kennt, ist beruflich im Vorteil.

Foucault beschreibt die Scheinheiligkeit solcher Disziplinarprozesse: »Der erwartete Besserungseffekt resultiert weniger aus Sühne und Reue als vielmehr direkt aus der Mechanik einer Dressur. Richten ist Abrichten.«[9]

Auch heute gleichen die Rituale der Sühne einer Dressur. Das wichtigste Element des Besserungsvorgangs stellt die Entschuldigung dar, ursprünglich ein Ausdruck der Reue. Doch die Entschuldigungen der Gegenwart beruhen selten auf Freiwilligkeit. Die Öffentlichkeit oder einzelne Nutzer fordern sie ein, wenn jemand sich kontrovers äußert. Wer sich mit einer solchen Entschuldigung zufriedengibt, die nicht in einem inneren Prozess der Reflexion gereift ist, sondern durch die Anpassung an äußeren Druck zustande kommt, der sehnt sich im Grunde gar nicht nach einer Entschuldigung: Er will, dass das Gegenüber den Kotau macht. Die Bedeutung der Entschuldigung wandelt sich. Sie ist kein Eingeständnis von Reue mehr, sondern von Unterwerfung.

Weil dies inzwischen auch den Anhängern der politischen Korrektheit aufgefallen ist und zudem der Wert der Entschuldigung mit ihrer inflationären Verwendung sinkt, wenden sie auch hier die Techniken des Analysierens und Differenzierens an. Beim Entschuldigen kann man mittlerweile einiges falsch machen, sich aber auch durch eine besonders gelungene Entschuldigung von der Masse abheben. Eine missratene, weil unehrliche Entschuldigung, die zum Beispiel ein einschränkendes »Es tut mir leid, *aber* …« enthält, wird als »Nonpology« (»Nicht-Entschuldigung«) gewertet. Auch die Ausdrucksweise »Ich entschuldige mich« ist in woken Kreisen verpönt, schließlich könne man sich nicht selbst von Schuld freisprechen und müsse dies dem Geschädigten überlassen. Zulässig ist demnach: »Entschuldige bitte!« Wer besonders reflektiert erscheinen will, betont, dass er über sein Fehlverhalten »mehrere Wochen« nachzudenken plane. Ein vorübergehender Rückzug aus der Öffentlichkeit bekräftigt den Eindruck einer inneren Einkehr.

Wer eine solche Besserung erfolgreich durchläuft oder sich erst gar nichts zuschulden kommen lässt und sich mit den Forderungen der Antidiskriminierungsaktivisten solidarisiert, darf sich »Ally« (zu Deutsch: »Verbündeter«) nennen: Das kann etwa eine weiße Person sein, die sich für die Anliegen des Antirassismus stark macht, oder ein Heterosexueller, der die LGBTQ-Bewegung unterstützt. Eigene Ideen oder Gedanken zu den jeweiligen Themenkomplexen können für den Ally zum Verhängnis werden, da er als nicht Betroffener keine ausreichenden Erfahrungen hat sammeln können, um mitzureden. Plappert er aber den Aktivisten glaubhaft nach, wird dies mit dem Siegel »Ally« vergütet. Denn laut Foucault ist die Vergütung des erwünschten Verhaltens ebenso wichtig für ein funktionierendes Disziplinarsystem wie die Sanktion des unerwünschten Verhaltens.

Hierin unterscheidet sich die Disziplin, so schreibt er, von der Strafjustiz: »Während in der Strafjustiz das Verbot als einfache Scheidelinie fungiert, handelt es sich hier um eine Verteilung zwischen einem positiven und einem negativen Pol. Das gesamte Verhalten fällt unter gute oder schlechte Noten, unter Gutpunkte oder Schlechtpunkte. Und das lässt sich sogar quantifizieren und zu einer Zahlenökonomie ausbauen. Eine ständig auf den neuesten Stand gebrachte Buchführung legt die Strafbilanz eines jeden jederzeit offen.«[10] Die digitale Buchführung macht unsere moralische Strafbilanz für jeden zugänglich: Die Eingabe des Namens in eine Suchmaschine reicht aus, um herauszufinden, welche tatsächlichen und mutmaßlichen Fehltritte sich eine Person geleistet hat. Als schlechte Note gelten die Attribute »umstritten« oder, noch schlimmer, »toxisch«. Auch wer mit Personen kommuniziert, die dergestalt schlecht benotet wurden, muss damit rechnen, dass diese Kommunikation in die eigene Strafbilanz einfließt und digital vermerkt wird.

IM NETZ DER SCHRIFT

Foucault spricht von »guten« und »schlechten« Subjekten, die durch die permanente Quantifizierung ihres Verhaltens hierarchisiert würden. Zum Zwecke dieser Quantifizierung begann man im Laufe der Jahrhunderte, Daten über den Einzelnen zu erheben. »Als wesentliches Element in den Räderwerken der Disziplin konstituiert sich eine ›Schriftmacht‹«, schreibt Foucault. Angepasste Prüfungsverfahren – das Examen in der Schule, die Visite im Krankenhaus – bildeten ein »Netz des Schreibens und der Schrift«, das die Individuen überwacht und ihr Verhalten dokumentiert habe: Die Prüfung »überhäuft sie und erfasst sie und fixiert sie mit einer Unmasse von Dokumenten«. Foucault beschreibt, wie sich eine Reihe von Codes entwickelte, um individuelle Züge zu vereinheitlichen und verschlüsseln: »der physische Code der Signale, der medizinische Code der Symptome, der schulische oder militärische Code der Verhaltensweisen und Leistungen«.[11]

Der am leichtesten zu überwachende Code der Gegenwart ist die Sprache. Es ist darum kein Zufall, dass die digitale moralische Buchführung das Wort ins Zentrum stellt. Es braucht keine speziell angesetzten Prüfungen mehr, um die Schriftmacht zu sichern. Im digitalen Raum werden unsere Datenspuren automatisch erfasst und von uns selbst angereichert. Algorithmen filtern die Kommunikation in sozialen Netzwerken, sortieren, kuratieren sie. Sie ermöglichen, alle verschriftlichen Aussagen einer Person auf bestimmte Wörter hin zu überprüfen. Sie erhöhen durch Vervielfältigung den Radius einzelner kontroverser Aussagen, reduzieren Debatten auf Schlagworte. Diese öffentlich verfügbaren Daten stellen einen idealen Treibstoff für die Maschinerie der Disziplinarprozesse dar. Die Erfassung und Auswertung unserer Sprache erfüllt die gleiche Funktion wie jene der medizinischen oder militärischen Codes der vorangegangenen Jahrhunderte, von denen Foucault berichtet: Sie dient der

»›Formalisierung‹ des Individuellen innerhalb von Machtbeziehungen«.[12]

Wie diese Formalisierung vonstattengeht, erlebte der britische Schauspieler Benedict Cumberbatch 2015. In einer Talkshow beklagte er, dass seine schwarzen Kollegen in Großbritannien deutlich geringere Chancen hätten, für Rollen besetzt zu werden, als in den USA. Das müsse sich ändern. Cumberbatch erntete für seine Aussage einen Shitstorm, weil er für Schwarze die Bezeichnung »coloured«, also »farbig«, gebraucht hatte. Diese sei veraltet und könne verletzend wirken, erklärten Kritiker. Propagiert wird von antirassistischen Aktivisten hingegen der Begriff »People of Colour«, der sich kaum von der angeblich ungleich verletzenderen Vokabel unterscheidet. Cumberbatch entschuldigte sich schließlich dafür, Menschen beleidigt zu haben, und bezeichnete sich als »Idiot«.[13]

Dieser Fall veranschaulicht den Prozess der Formalisierung besonders gut, weil Cumberbatch sich *gegen* Diskriminierung aussprach, den Antirassisten inhaltlich also zustimmte und nur gegen formale Regeln verstieß. Die inhaltliche Auseinandersetzung verschwindet hinter dem Bemühen, ein Machtgefälle zu errichten. Indem ein Sprecher als Regelbrecher markiert wird, soll er entweder zur Anpassung gezwungen oder aus dem Diskurs ausgeschlossen werden. So wird nicht nur die Aussage, sondern auch der Sprecher selbst einer formalen Prüfung unterzogen: Wenn er sich unterwirft, darf er am Diskurs teilnehmen. Wenn er sich verweigert, ist er kein seriöser Gesprächspartner mehr.

WINZIGKEIT MIT WIRKUNG

Der Einzelne wird in der modernen und erst recht in der digitalen Gesellschaft in seiner Individualität sichtbar. Er hält die Sichtbarkeit für ein Zeichen seiner Freiheit, seiner Selbstbestimmtheit, seiner Macht. Foucault aber stellt fest, dass in einem

Disziplinarregime die Individualisierung »absteigend« sei: »Je anonymer und funktioneller die Macht wird, umso mehr werden die dieser Macht Unterworfenen individualisiert: und zwar weniger durch Zeremonien als durch Überwachungen; […] nicht durch Genealogien, die auf Ahnen verweisen, sondern durch vergleichende Messungen, die sich auf die ›Norm‹ beziehen.«[14]

So liegt auf unserer Sichtbarkeit der Schatten der Überwachung. Der Ausdruck unserer Individualität wird zu einem Schauspiel der Konformität, die ausdifferenzierte Gesellschaft erscheint gleichförmiger denn je. Die scheinbare Unendlichkeit des Internets spült uns doch allen dasselbe in den Feed. Und die persönliche Entfaltung, vor einem halben Jahrhundert den gesellschaftlichen Zwängen abgetrotzt, ist mittlerweile selbst ein verpflichtender Baustein im Lebenslauf – der Unterwerfung näher, als uns lieb ist.

Der Zwang zur Konformität hat sich längst über den digitalen Raum hinaus ausgebreitet. Im Netz werden die Schauprozesse geführt, die Normen gesetzt, aber die permanente Kontrolle über die anderen und vor allem über uns selbst behalten wir auch im Analogen bei. Foucault bezeichnet die Disziplinen als eine »Subjustiz«: »Sie erfassen einen Raum, der von den Gesetzen übergangen wird.«[15] Ihre Mechanismen seien, verglichen mit den »majestätischen Ritualen der Souveränität oder mit den großen Staatsapparaten«, »winzig und unscheinbar«: »Doch sind sie es, die sich allmählich in jene großen Formen einschleichen, ihre Mechanismen umgestalten und ihnen ihre eigenen Prozeduren aufzwingen sollten.«[16] Wer uns also weismachen will, es handle sich bei den Regeln der politischen Korrektheit um Winzigkeiten, dem lässt sich nur beipflichten: Gerade deshalb sollten wir sie aufmerksam beobachten. Wenn wir genau hinsehen, entdecken wir die Macht dieser Winzigkeiten überall.

Zum Beispiel an Bushaltestellen. »Weine, es befreit«, plakatierte die Krankenkasse Helsana vor einiger Zeit in der Schweiz. Dazu ein Mann in Jesus-Optik, Tränenspuren auf den Wangen, in den Augen der Glanz der Erleuchtung. »Tränen wirken entspannend«, hieß es im Werbetext weiter. Nun ist es nicht abwegig, wenn eine Krankenkasse sich auch um die psychische Gesundheit ihrer Kunden sorgt. Sie könnte entsprechende Angebote machen und diese bewerben. In einer Bringschuld wähnt die Helsana jedoch nicht sich, sondern die potenziellen Neukunden: Sie werden angelockt, indem man sie unter Druck setzt, Gefühle zu empfinden, die sich gerade durch das Lösen von Spannung auszeichnen. Befreite Emotion – unter Zwang.

»Befreie dich verdammt noch mal!«, lautet die Botschaft; es ist die vielleicht raffinierteste der heutigen Disziplinarmacht. Und das Merkwürdige ist, wie sehr wir sie anbeten. Die Selbstdisziplinierung im Namen unserer Befreiung verschafft uns offenbar einen solchen Lustgewinn, dass sie sogar als Werbeversprechen funktioniert. Wir leben in Zeiten des moralischen Masochismus.

KAPITEL II
DAS HERBARIUM DER LÜSTE

DIE UNAUSSPRECHLICHEN

»Da [die Gesellschaft] in ihrer unablässigen Angst und Prüderie dem Unsittlichen in allen Formen des Lebens, Literatur, Kunst, Kleidung ständig nachspürte, um jede Anreizung zu verhüten, war sie eigentlich gezwungen, unablässig an das Unsittliche zu denken. Da sie ununterbrochen forschte, was unpassend sein könnte, befand sie sich in einem unablässigen Zustand des Aufpassens; immer schien der damaligen Welt der ›Anstand‹ in tödlicher Gefahr: bei jeder Geste, bei jedem Wort.«[17]

Stefan Zweig, »Die Welt von Gestern«, 1942

Sehen wir einmal ab vom Wort »damalig« – lesen wir hier nicht eine präzise Beschreibung der Gegenwart? Die Sexualität: eine zarte Pflanze, die geschützt werden muss. Der Anstand wacht über sie, wir prüfen unsere Worte, unsere Gesten, unsere Gedanken darauf, ob sich dahinter Verletzendes verbirgt. Je entschlossener wir für die selbstbestimmte Sexualität eintreten, je mehr Normen wir publikumswirksam über Bord werfen, desto verletzlicher erscheint das Pflänzchen. Paradox genug: Die Gesellschaft, die sich stark genug wähnt, die Heteronormativität zu überwinden, ist zu schwach, um das Wort »Mutter« zu ertragen.[18] Welchen Sieg trägt eine Befreiung davon, die ihre Subjekte schwächt?

Das Pflänzchen braucht unseren Schutz: Darum überwachen wir uns selbst, unser Umfeld, unsere Kultur. Um den Sex hat sich – unter dem Banner der Befreiung – eine Atmosphäre der Kontrolle etabliert: Kontrollieren, um zu befreien.

Einspruch, werden Kritiker rufen. Sie werden auf die Erfolge der sexuellen Revolution, des Feminismus, der Schwulen-, Lesben- und Transbewegung verweisen. Und tatsächlich: Jenen gesellschaftlichen Umgang mit Sexualität, den Stefan Zweig in seinen Lebenserinnerungen schildert, wünschen sich wohl die wenigsten zurück.

Zweig beschreibt die Sexualmoral in Wien um 1900, »deren Hauptsorge das Verdecken und Verstecken war«. Die Männer wurden in hohe steife Kragen, sogenannte Vatermörder, gezwängt, »die jede lockere Bewegung unmöglich machten«. Noch komplizierter war die Mode der Frauen, eine »in jeder Einzelheit die Natur vergewaltigende Aufmachung«: »In der Mitte des Körpers wie eine Wespe abgeschnürt durch ein Korsett aus Fischbein, den Unterkörper wiederum weit aufgebauscht zu einer riesigen Glocke, den Hals hoch verschlossen bis an das Kinn, die Füße bedeckt bis hart an die Zehen«, beladen mit Rüschen und Spitzen und Schmuck, das Haar in »Löckchen und Schnecken und Flechten aufgetürmt unter einem majestätisch schwankenden Hutungetüm« – in ihrem ganzen Auftreten also wurde die Dame zu einem »unseligen Wesen von bedauernswerter Hilflosigkeit«.

Die Mädchen seien erzogen worden zu Schamhaftigkeit, Ahnungslosigkeit, sie sollten »schüchtern und defensiv« wirken; die Jungen »forsch, ritterlich und aggressiv«, sie wurden ermutigt, sich bei Prostituierten »die Hörner abzulaufen«, während die weibliche Jungfräulichkeit bewahrt werden musste bis zur Ehe, in der das körperliche Verlangen der Frau überhaupt erst »vom Manne geweckt« werden sollte. Und gleichzeitig erzählte man sich die »ordinärsten Zoten«: »überall schuf sich das Gehemmte Abwege, Umwege und Auswege«.

»Aber wie die hysterische Prüderie begreiflich machen, dass eine Dame das Wort ›Hose‹ damals überhaupt nicht über die Lippen bringen durfte? Sie mußte, wenn sie schon der Existenz eines so sinnengefährlichen Objekts wie einer Männerhose überhaupt Erwähnung tat, dafür das unschuldige ›Beinkleid‹ oder die eigens erfundene ausweichende Bezeichnung ›Die Unaussprechlichen‹ wählen.«[19]

Heute werden keine Korsagen mehr geschnürt. Sex vor der Ehe gilt als normal. Frauen dürfen ihre Kleidung frei wählen, mancher Mann verwendet mehr Zeit auf seine Toilette als die Gattin. Viele Tabus sind gefallen, von manchen bleibt ein Nachklang. Ist unsere Sexualität also weitgehend frei von den Ansprüchen des gesellschaftlichen Anstands? Haben die Individuen die Hoheit über ihre Sexualität erobert? Oder haben sich neue Regeln der Sittlichkeit eingeschlichen? Ist uns die hysterische Prüderie beim Aussprechen eines verpönten Wortes heute womöglich begreiflicher, als Stefan Zweig in den Vierzigerjahren des letzten Jahrhunderts zu glauben wagte?

Wenn wir auf die Sexualität der Gegenwart blicken, auf ihre Zwänge und Strenge, gilt es, die Konfliktlinien zu erkennen. Wer verteidigt die Errungenschaften sexueller Selbstbestimmung? Wer hintertreibt sie? Welche Abwege und Umwege sucht sich das Gehemmte heute?

Die neue Prüderie, der wachsame Blick, kommt im Gewand der Schamlosigkeit daher. Offen prüde sein will niemand mehr. Die Wahrung des Anstands kontrollieren, Fehltritte peinlich genau dokumentieren und ächten, liegt dennoch im Trend. Zeitungen etwa verdächtigen Prominente immer öfter des sexuellen Übergriffs, oft basierend auf dünner Beweislage.[20] So blüht inmitten der sich ihrer Schamlosigkeit rühmenden Gesellschaft eine Schamkultur, in der unbedeutendste Äußerungen maximalen Ehrverlust bewirken können. Die sexuell befreite Gesellschaft propagiert enthemmte Körper, aber gehemmte Münder.

Unsere Kommunikation über Sexualität kennt klare Regeln. »Sag das lieber nicht«, warnt der öffentlich-rechtliche Sender *Funk* die Jugend auf Instagram. Die größte Sensibilität herrscht dort, wo die Grenzen der Geschlechter eingerissen werden, wo die Befreiung von der Norm also am radikalsten sein müsste: »Vor der Transition« erlaubt *Funk* als Ausdrucksweise über Transgeschlechtliche, »bevor sie zur Frau wurde« ist hingegen tabu. Wer findet, es handle sich um zwei nahezu identische Aussagen, behält das besser für sich. »Geschlechtsangleichung« ist ein zulässiger Begriff für die Operation der Genitalien, »Geschlechtsumwandlung« ein grober Fehler. Wer darauf beharrt, dass dabei tatsächlich eine operative Umwandlung der primären biologischen Geschlechtsmerkmale stattfinde, gefährdet die Sittlichkeit.

Sogar dem Fernsehsender *RTL*, der seine Reality-Protagonisten eigentlich am liebsten beim Erbrechen von Hirschhoden oder beim Sex unter der Dusche zeigt, steigt auf einmal die Schamesröte in den Instagram-Account, wo der Sender verkündet: »Trans*sensibel sprechen – Wir haben einige Tipps für euch«.[21] »Er wurde als Mädchen geboren« ist demnach keine zulässige Aussage über jemanden, der als Mädchen geboren wurde. Der Grund: Die Geschlechtsidentität werde nicht durch die Genitalien bestimmt. »Als sie noch ein Mann war« ist falsch – »als sie noch als Mann gelebt hat« hingegen korrekt. Solche sprachlichen Vatermörder machen lockeres Sprechen unmöglich.

Weil die gefühlte Identität das biologische Geschlecht aussticht, werden Frauen zu »Personen mit Eierstöcken«, zu »Gebärenden«. Stolz wird verkündet: »Nicht nur Frauen menstruieren!« Wo die biologischen Kategorien eigentlich abgeschafft werden sollen, reduziert man Frauen sprachlich auf biologische Funktionen, im Namen des Minderheitenschutzes. Jungen, die Röcke tragen wollen, und Mädchen, die lieber wild als brav sind, wird immer öfter nahegelegt, sie müssten ihren Körper mit Hormonen und später mit Operationen modifizieren, damit er mit ihrem Wesen übereinstimme. Das binäre Denken gedeiht auf dem Boden seiner vermeintlichen Überwindung.

Allenthalben finden sich eifrige Erklärer der korrekten Sprache. »Verstehst du bei der Abkürzung LGBTI maximal die Hälfte? Damit bist du nicht allein!«, schreibt der Schweizer Einzelhändler Migros auf seiner Website.[22] Bei seinem »Großen Queer-ABC« ist »teilen nicht nur erlaubt, sondern erwünscht«, die Belehrung soll also fortgesetzt werden wie ein Kettenbrief. Laut der *Süddeutschen Zeitung* hilft das Wort »Queer« beim »Durchbrechen restriktiver binärer Strukturen«.[23] In ihrem LGBTQI-Glossar erläutert die Zeitung die sprachlichen Strukturen, die für das Durchbrechen der gesellschaftlichen Strukturen offenbar notwendig sind. Der Fernsehsender *ProSieben* erklärt im Netz24 die Abkürzung »LGBTQIA*«, begeht aber den Fehler, über Transpersonen zu behaupten, sie seien »quasi im falschen Körper geboren« – laut *Funk* unzulässig. Immerhin setzt *ProSieben* Anführungszeichen. Popkultur, erstarrt im Zustand des Aufpassens.

Die westlichen Gesellschaften predigen wie nie zuvor das sexuelle Einvernehmen. Neue Gesetze werden diskutiert und mancherorts verabschiedet, die eine sexuelle Handlung nicht mehr nur dann als Vergewaltigung werten, wenn eine Person dazu genötigt wurde, sondern schon, wenn einer der beteiligten Sexualpartner seine Einwilligung nicht verbal oder nonverbal zum Ausdruck gebracht hat. Der Frau muss das Bekenntnis abgerungen, ihr Wille überprüft werden. Die weibliche Lust muss kontrolliert werden, um sie zu schützen.

Der erklärte Feind der angeblich befreiten Sexualität ist die Aggression: Diese wird mit Gewalt gleichgesetzt und muss aus der Sexualität verbannt werden. Einzig in ihrer reglementierten Form, dem BDSM, der den Sexualpartnern klare Rollen zuweist und den Handlungen mittels Codewörtern Grenzen setzt, gilt

Aggression nicht als unsittlich. Das Gefühl der Gefahr entwickelt sich von einem integralen Bestandteil der Sexualität zu einem schädlichen Element, das eliminiert werden muss.

Jedoch scheinen der Öffentlichkeit Grenzübertritte nicht ungelegen zu kommen: Sie giert, im Gegensatz zu den Opfern sexueller Gewalt, geradezu nach Missetätern, die wie Mahnmale im Diskurs das Territorium des Unanständigen abstecken. Es reicht längst nicht mehr, darauf zu vertrauen, dass Frauen in sexuellen Kontexten Ablehnung oder Unwohlsein artikulieren können. Man darf sich nicht darauf verlassen, dass sich der Frau das Unpassende, das Unangenehme von selbst offenbart, dass sie ihren Wahrnehmungen und Gefühlen vertrauen kann. Vielmehr muss nach dem Unpassenden geforscht werden: eine aktive gemeinsame Suche nach Sexismus, der sich unbeobachtet und über Jahrhunderte hinweg in unserer Kultur festgefressen hat und jetzt endlich ausgemerzt werden kann.

So prangerte die FDP-Politikerin Silvana Koch-Mehrin im Jahr 2022 einen Flirtversuch ihres Parteikollegen Wolfgang Kubicki an, der über 20 Jahre zuvor stattgefunden hatte. Sie würde sich, erklärte sie, wohl gar nicht mehr an den Vorfall erinnern, wenn Kubicki selbst ihn nicht in einem Interview erwähnt hätte. Im Rückblick aber sei sie durch ihre Teenagertöchter »sensibilisiert«: Es sei problematisch, »ein berufliches Gespräch mit Flirten zu vermischen, wenn die eine Seite mächtig, älter und männlich ist. Und die andere eben nicht.«[25] Sexuelle Reklamationen sind bei Verstößen gegen den Anstand also noch 20 Jahre später möglich, selbst wenn sich das »Opfer« kaum erinnert: Die heutige Prüderie wird an den Universitäten gelehrt und findet über den Nachwuchs Eingang in die Familien.

Der zeitgemäße Arbeitsplatz ist eine entsexualisierte Zone. Schade für die Frauen, könnte man meinen. Sie dürfen nicht mehr mit mächtigeren, älteren Männern flirten, wohl kaum auch mit jüngeren, weniger mächtigen Männern oder Frauen, denn dies wäre bloß eine Umkehr des Abhängigkeitsverhältnisses.

Also gilt es, gleichaltrige Personen zu ermitteln, die exakt auf derselben beruflichen Stufe stehen, aber ob das noch ein Flirt ist oder schon ein Knochenjob? Wie auch immer: Sex und Macht, das lehrt uns der Anstand, gehören getrennt. Freud würde schmunzeln.

Erinnert all diese beschworene Verletzlichkeit nicht an jene rüschenbeladenen »unseligen Wesen von bedauernswerter Hilflosigkeit«, die Stefan Zweig beschreibt? Man behauptet heute, starke sexuelle Subjekte zu erschaffen. Doch in Wahrheit geht es darum, Scharen von Schutzbedürftigen zu kreieren, die in Abhängigkeit gehalten werden: abhängig von Medizinern, die ihnen Hormone verschreiben, abhängig von den Worten der anderen, denen kein verletzender Ausdruck über die Lippen kommen darf, abhängig von Männern, die die weibliche Einwilligung überprüfen.

Wenn Stefan Zweig also eine Gesellschaft im unablässigen Zustand des Aufpassens beschreibt, kommt uns diese gleichzeitig fremd und vertraut vor. Unsere Regeln folgen einer anderen Moral als früher, sie formen eine gänzlich andere sexuelle Realität. Doch im Grunde ist es gleich, ob nun das Wort »Hose« oder das Wort »Geschlechtsumwandlung« verpönt ist – in beiden Fällen wird die Sexualität in einen Diskurs überführt, indem die Gesellschaft sprachliche Konventionen etabliert. Das Ziel dieser Diskursivierung ist nicht die Entfaltung des sexuellen Subjekts, sondern die Errichtung eines Machtgefälles. Wie zu Zweigs Zeiten sperrt dieser Diskurs alle ein: die vermeintlich Mächtigen und Freien ebenso wie die Unterdrückten und Unfreien. Ihnen allen wird eine Rolle zugewiesen, sie dienen als Mittel zum Zweck, um das Machtgefüge aufrechtzuerhalten.

Im Folgenden soll also nicht die selbstbestimmte, befreite Sexualität angegriffen werden. Vielmehr soll gefragt werden, wie diese zum Feigenblatt einer kontrollierenden Sexualmoral werden konnte. Wie setzte sich unter den Vorzeichen der Lust und der Freiheit ein Klima der Sittenstrenge und Enthaltsamkeit durch? Wie wurde das Ideal der sexuellen Selbstbestimmung von Freiheitsfeinden gekapert und als Instrument zur Unterwerfung missbraucht?

KREISENDE BEWEGUNGEN

Sexualkundeunterricht im Jahr 2008, neunte Klasse. Meine Biologielehrerin zieht einen der eingesammelten Zettel aus der Schachtel, faltet ihn auseinander und liest laut vor: »Was gefällt Männern beim Sex am besten?« Sie überlegt, erklärt dann zögernd: »Kreisende Bewegungen.« Ihr Mann arbeitet ebenfalls als Lehrer an der Schule. Auf die Bilder im Kopf hätte ich gerne verzichtet.

Ich habe zu diesem Zeitpunkt im Unterricht alles über Sexualität gelernt, was ich wissen wollte. Und einiges, was ich nicht hatte wissen wollen. Dennoch werde ich unentwegt dazu gedrängt, Fragen zu stellen. Ich lasse meinen Zettel einfach leer. Eine meiner Freundinnen fragt, vielleicht aus Verzweiflung, wie denn der Sex bei siamesischen Zwillingen funktioniere.

Kurz darauf besucht meine Schulklasse die Beratungsstelle Pro Familia. Zur Begrüßung bekommen wir Kondome mit Obstgeschmack geschenkt. Die darin verborgene Aufforderung an uns vierzehnjährige Mädchen bleibt unkommentiert. Die Aufklärungsexpertin holt eine Kiste voller fleischfarbener Gummidildos hervor, denen wir die Kondome überstreifen sollen. Ich greife als Erste zu, um die abstoßende Prozedur so schnell wie möglich hinter mich zu bringen. Zum Schluss sollen die Mädchen und Jungen sich gegenseitig Fragen stellen. Hinterher weiß jeder von jedem, ob er schon Sex oder Oralsex hatte.

Während der Sexualkundestunden, die sich über Wochen hinziehen, fühle ich mich zunehmend unwohl. Dass diese Art der Sexualaufklärung einer falschen Prämisse folgen könnte, kommt mir nicht in den Sinn. Ich bin vierzehn Jahre alt und frage mich, ob ich zu verklemmt bin.

Es fühlt sich ähnlich an wie Jahre zuvor, als ich in der Grundschule ein Aufgabenblatt zum Thema Geschlechtsidentitäten ausfüllen musste. Ich sollte Gründe nennen, weshalb ich gerne ein Mädchen sei – das fiel mir leicht. Doch auf »Ich bin nicht gerne ein Mädchen, weil …« wollte mir partout nichts einfallen, ebenso wie auf »Ich bin ein Mädchen, aber an Jungen gefällt mir besonders …«. Warum war ich auf einmal so ideenlos? Vielleicht spürte ich unbewusst, dass hier eine Grenze überschritten wurde. Als ich meiner Lehrerin das halbleere Blatt zeigte, bestand sie darauf, dass ich es ausfüllte. Es fühlte sich an, als hätte ich sie enttäuscht.

Unwohl war mir auch mit zwölf, als wir im Ethikunterricht den Themenblock »Freundschaft, Liebe, Sexualität« durchnahmen und auf Arbeitsmaterialien schwülstige Fragen gestellt bekamen wie: »Kennst du die rosarote Brille der Verliebtheit?« Wir waren irritiert und beantworteten die Fragen nur widerwillig.

Es wäre uns aber nicht möglich gewesen, zu benennen, was uns widerfuhr; jene Mission zu erkennen, in deren Namen die Grenzen unserer Intimität missachtet wurden. Erst heute werden für mich Zusammenhänge sichtbar. Etwa, dass allein in meinem Umfeld zwei Mädchen nach Besuchen bei Pro Familia regelrecht ausflippten und wochenlang nicht zur Schule gingen, weil die erzwungenen sexuellen Geständnisse Missbrauchserfahrungen hatten hochkommen lassen. Während die Generation meines Vaters von der Kirche gewarnt worden war, dass Onanie zu Rückenmarksschwund führe, wurde meine Generation genötigt, vor der Schulklasse über ihr Masturbationsverhalten zu sprechen – im Namen ihrer eigenen »Befreiung«.

Was ich erlebte, waren jedoch nur die harmlosen Anfänge einer Sexualerziehung, die ihre Befugnisse in den darauffolgenden Jahren eigenmächtig ausweiten sollte und dabei, wie hier später eingehend beleuchtet wird, immer tiefer in die Intimsphäre junger Menschen eindringt. Dieser institutionalisierte Übergriff wird uns als Teil eines sexuellen Befreiungskampfs verkauft, als

Widerstand gegen jene Unterdrückung, der die Sexualität über Jahrhunderte hinweg ausgesetzt gewesen sei. Selbstbestimmte Sexualität werde erst möglich, wenn man die Scham überwinde und »über alles offen spreche«. Und so mündete der Kampf gegen die sexuelle Unterdrückung darin, dass wir uns im Biologieunterricht Sextipps unserer Lehrerin anhören mussten.

DIE REPRESSIONSHYPOTHESE

Das Ideal der sexuellen Befreiung folgt zwei Prämissen. Erstens: Die Sexualität wird unterdrückt. Zweitens: Die Sexualität kann und muss befreit werden.

Beide Prämissen stellt Michel Foucault in »Der Wille zum Wissen« zur Disposition. Er widerspricht der verbreiteten Vorstellung, dass die Sexualität seit mehreren Jahrhunderten vollständig unterdrückt werde und darum befreit werden müsse. Diese seiner Ansicht nach irreführende Erzählung bezeichnet er als »Repressionshypothese« und zeichnet sie wie folgt nach:

Noch zu Beginn des 17. Jahrhunderts sei es »freimütiger zugegangen«: »Die Praktiken wurden kaum verheimlicht, die Worte wurden ohne übertriebene Zurückhaltung gesagt und die Dinge ohne übermäßige Verhüllung.« Dann jedoch hätten sich Schatten über die Sexualität gelegt, »endend in den monotonen Nächten des viktorianischen Bürgertums. Die Sexualität wird sorgfältig eingeschlossen. Sie richtet sich neu ein, wird von der Kleinfamilie konfisziert und geht ganz im Ernst der Fortpflanzung auf. Um den Sex breitet sich Schweigen.«[26]

Sexualität habe fortan nurmehr der Zeugung dienen und ausschließlich im elterlichen Schlafzimmer existieren dürfen. Die Sexualität der Kinder sei negiert, das Sprechen darüber sei ihnen untersagt worden. Sex, der sich dem Diktat der Fortpflanzung widersetzte, habe einzig im Bordell oder der Psychiatrie Platz gefunden. Und auch das 20. Jahrhundert habe sich kaum von diesem Puritanismus gelöst: »Ein wenig vielleicht seit Freud. Doch mit welcher Behutsamkeit, welcher ärztlichen Umsicht, welcher wissenschaftlichen Harmlosigkeitsgarantie und welchem Aufwand an Vorsichtsmaßregeln, nur damit sich alles [...] im sichersten und diskretesten Raum [...] abspielt.«[27] Sexualität sei also so weit wie möglich aus dem Leben getilgt, mit Tabus belegt worden, selbst in therapeutischem Kontext sei sie heikel geblieben: Das Los der Sexualität sei jenes der Unterdrückung.

Foucault nun unterzieht diese Repressionshypothese einer kritischen Prüfung: »Gibt es wirklich einen historischen Bruch zwischen dem Zeitalter der Repression und der kritischen Analyse der Repression?«[28] Er zielt mit dieser Frage nicht darauf ab, zu negieren, dass Sexualität in bestimmten historischen Kontexten unterdrückt wurde. Vielmehr fragt er nach den Widersprüchen eines Diskurses, der ausführlich und unter breiter Beteiligung um einen Gegenstand – die Sexualität – kreist, welcher im selben Atemzug als tabuisiert dargestellt wird: »Alles in allem geht es darum, den Fall einer Gesellschaft zu prüfen, die seit mehr als einem Jahrhundert lautstark ihre Heuchelei geißelt, redselig von ihrem eigenen Schweigen spricht und leidenschaftlich und detailliert beschreibt, was sie nicht sagt.« Und weiter: »Durch welchen Spiralgang sind wir dahin gelangt, zu bejahen, dass der Sex verneint wird, ostentativ zu zeigen, dass wir ihn verbergen, zu sagen, dass wir ihn verschweigen.«[29]

Um diesen Spiralgang auszuleuchten, sieht sich Foucault die historischen Methoden der vermeintlichen Unterdrückung genauer an und kommt zu einem überraschenden Schluss: »Betrachtet man aber diese letzten drei Jahrhunderte in ihren übergreifenden Transformationen, sehen die Dinge gleich ganz anders aus: Um den Sex herum zündet eine diskursive Explosion.«[30] Zwar entdeckt Foucault in dieser historischen Spanne durchaus eine »Säuberung des Vokabulars«, eine »Rhetorik der Anspielung und der Metapher«, eine »Kontrolle der Äußerungen«, neue Regeln des Takts und Anstands. Doch diese Regeln hätten das Sprechen über Sexualität keineswegs unterdrückt, sie normierten es bloß und ermöglichten dadurch ein immer ausführlicheres Sprechen.

Während etwa die Schilderung des konkreten sexuellen Akts innerhalb der katholischen Beichte zunehmend als verpönt galt, gewannen »Gedanken, Begehren, wollüstige Vorstellungen, Ergötzungen, verschlungene Regungen der Seele und des Körpers« an Bedeutung: »Der neuen Pastoral zufolge darf der Sex nur noch vorsichtig beim Namen genannt werden, wogegen seine einzelnen Aspekte, seine Verbindungen und Wirkungen bis in ihre feinsten Verzweigungen verfolgt werden müssen: ein Schatten in einer Träumerei, ein Bild, das nicht schnell genug vertrieben wurde […]: alles muss gesagt werden.«[31]

Ob in der Sexualerziehung, der Medizin, der Psychiatrie, der Strafverfolgung: Überall entdeckt Foucault explodierende Diskurse über Sexualität, die sich unter dem schützenden Mantel des Tabus verbergen und den Sex untersuchen, klassifizieren, analysieren. Er zitiert einen französischen Mediziner, der im Jahr 1860 »Vergehen gegen die Sittlichkeit« untersucht: »Ich (habe) mich auch längere Zeit bedacht, ob ich das garstige Gemälde der Päderastie in diese Untersuchung aufnehmen sollte.« Versteckt hinter einem Moralismus, der das Sprechen über den Sex als unsittlich kennzeichnet, entdeckt Foucault das gesellschaftliche Bestreben, das Sprechen über den Sex zur Notwendigkeit zu erklären: »Man muss vom Sex sprechen wie von einer Sache, die man nicht einfach zu verurteilen oder zu tolerieren, sondern vielmehr zu verwalten und in Nützlichkeitssysteme einzufügen hat, einer Sache, die man zum größtmöglichen Nutzen aller regeln und optimal funktionieren lassen muss.«[32]

Foucault beschreibt diesen »Willen zum Wissen« als Machttechnik: »[…] institutioneller Anreiz, über den Sex zu sprechen, und zwar immer mehr darüber zu sprechen; von ihm sprechen zu hören und ihn zum Sprechen zu bringen in ausführlicher Erörterung und endloser Detailanhäufung.«[33] Statt dem vermeintlichen Verstummen der Sexualität erkennt Foucault also eine historisch neue und zugleich normierte Redseligkeit.

Auch in den Schilderungen von Stefan Zweig findet sich dieser Widerspruch. Die Frau wird eingeschnürt und mit Rüschen verziert. Verdeckt diese Aufmachung bloß, oder macht sie nicht vielmehr sichtbar? Wird die weibliche Sexualität hier unterdrückt, oder wird sie nicht eher normiert? Einem strengen Reglement folgend wird der weibliche Körper verhüllt und als »anständig« codiert – und dadurch einem sexuellen Nützlichkeitssystem unterworfen. Die Kostümierung beider Geschlechter kehrt permanent ihre sexuelle Rolle hervor: »Durch diese unnatürliche Auseinanderspannung im äußeren Habitus«, schreibt Zweig, »mußte auch die innere Spannung zwischen den Polen, die Erotik, sich verstärken, und so erreichte dank ihrer unpsychologischen Methode des Verhüllens und Verschweigens die Gesellschaft von damals genau das Gegenteil.«[34]

Verbieten heißt auch: betonen. Das Verbotene wird durch das Verbot geadelt, es gewinnt an Reiz. Es wird als so mächtig eingestuft, dass es einer permanenten Kontrolle bedarf, die nur durch ein Verbot sichergestellt ist. Scheinbar verschwindet das Verbotene aus unserem Denken und Sprechen. In Wahrheit aber wird es hervorgehoben und bildet den Kern jener diskursiven Explosion um die Sexualität, die Foucault beobachtet.

Die ständige Rede vom Tabu ist also Teil einer Diskursivierung der Sexualität. Wer die Gegenwart verstehen will, muss dorthin blicken, wo lautstark Tabus beklagt werden: Wer profitiert von der Mechanik dieses Diskurses? Wessen Macht erweitert sich durch das Warnen vor Unterdrückung? Wie bringen wir heute den Sex zum Sprechen?

DIE SEXUELLE REVOLUTION

Foucault nennt in »Der Wille zum Wissen« einen möglichen Grund dafür, »warum es für uns so einträglich ist, die Beziehungen des Sexes und der Macht in Begriffen der Unterdrückung zu formulieren: das, was man den Gewinn des Sprechers nennen könnte.«[35] Wenn der Sex unterdrückt werde, habe schon die einfache Tatsache, vom Sex und seiner Unterdrückung zu sprechen, etwas von einer »entschlossenen Überschreitung«. Trotz gegenüber der herrschenden Ordnung, Anschein der Subversion: »Wir [...] sprechen seit einigen Jahrzehnten kaum noch vom Sex, ohne uns ein wenig in die Pose zu werfen.«

Seit dem Erscheinen des Buches im Jahr 1976 sind Jahrzehnte vergangen, und noch immer werfen wir uns in Pose: Der subversive Unterton, der »Hauch von Revolte, vom Versprechen der Freiheit« haftet unserem Sprechen über den Sex auch heute an. Die Themen mögen sich modifiziert und verschoben haben, das Pathos der Befreiung ist geblieben.

Die Repressionshypothese erfüllt einen strategischen Zweck. Sie erst ermöglicht die »diskursive Explosion«, die Foucault beschreibt: Solange die Sexualität scheinbar unterdrückt wird, gilt es, sie zu befreien, indem man eine Sprache entwickelt, die den Anstand wahrt und die Sexualität zugleich produktiv nutzbar macht. Die Repressionshypothese erhebt den Sprecher zum Helden, der sich gegen die repressive Ordnung auflehnt. Sie erlaubt ihm, die Pose der Rebellion einzunehmen und dabei Deutungsmacht über die Gegenwart zu erlangen.

Die größte Bedrohung der Repressionshypothese geht von ihrem eigenen Erfolg aus. Sobald die Mehrheit der Gesellschaft der Hypothese zustimmt und die Repression zu bekämpfen beginnt, wird es schwieriger, über Repression zu klagen. Wenn sich eine ganze Gesellschaft oder zumindest ihre kulturelle Elite erfolgreich gegen die Unterdrückung wehren würde, würde die Unterdrückung verschwinden; die Repressionshypothese wäre entkräftet.

Mit dem Verlust der Hypothese ginge jedoch auch das diskursive Machtgefüge verloren, von dem ihre Verfechter profitieren. Darum wenden diese Methoden an, um die Repressionshypothese am Leben zu erhalten. Die erste besteht in der Stärkung des Unterdrückers: Je mächtiger er erscheint, desto plausibler wird die Repressionshypothese. Wer seine Deutungsmacht auf einem Befreiungsnarrativ aufbaut, hat ein Interesse daran, die unterdrückenden Kräfte als potent darzustellen und immer wieder Beweise für ihre Wirkmacht zu sammeln. Er malt ein möglichst furchterregendes Bild des Unterdrückers.

Die zweite Methode bestand historisch gesehen darin, immer wieder neue sexuelle Diskurse zu entwickeln, die sich an die veränderten politischen Strukturen und wissenschaftlich-technischen Möglichkeiten anpassten und in neuer Weise die Befreiung der Sexualität einforderten. Beide Methoden prägen heute die Debatten des Westens.

Die sexuelle Revolution der 1960er- und -70er-Jahre popularisierte die Repressionshypothese – und bedrohte sie dadurch zugleich. Die Prüderie der Nachkriegsgesellschaften wurde so überzeugend angeprangert, die sexuellen Normen so grundlegend verändert, die Verfechter der sexuellen Befreiung erlangten eine solche Deutungsmacht, dass es an ein Wunder grenzt, wie erfolgreich die Repressionshypothese auch hinterher aufrechterhalten werden konnte. Der Frontalangriff auf die Sexualmoral der Nachkriegsjahre läutete das schleichende Ende eines bis dahin einflussreichen Konzepts ein: Der »Medizinisierung« der Sexualität, die im 19. Jahrhundert den sexuellen Diskurs von einem religiösen in einen medizinisch-therapeutischen Kontext verschoben hatte. Die Medizinisierung zeigte sich laut Foucault darin, dass »das Gebiet des Sexes nicht mehr ausschließlich unter das Register der Verfehlung und der Sünde, des Exzesses oder der Überschreitung« fällt, »sondern unter das Regime des Normalen und des Pathologischen […]; zum ersten Mal definiert man eine dem Sexuellen eigene Krankhaftigkeit;

der Sex erscheint als ein Feld hoher pathologischer Anfälligkeit«.[36]

Zentral für die Pathologisierung der Sexualität ist die Perversion. Sie bildet die Grenze zwischen dem Gesunden und dem Kranken: Gesund ist, was nicht pervers ist. Alles, was die gesellschaftliche Ordnung zu gefährden scheint, wird als pervers oder krankhaft markiert: Homosexualität, Bisexualität, Transsexualität, Polygamie, Fetische, selbstbestimmte weibliche Lust.

Der Paradigmenwechsel im Zuge der sexuellen Revolution jedoch delegitimierte die Pathologisierung: Die jeweiligen Gruppen wehrten sich dagegen, dass ihre sexuellen Präferenzen und Praktiken als pervers klassifiziert wurden. Die Pathologisierung von Homosexualität galt im Laufe der letzten Jahrzehnte zunehmend als verpönt. Ab den Achtzigerjahren hielt Sadomasochismus Einzug in die Popkultur und entwickelte sich damit von einer Perversion zu einer, wenn auch gewagten, sexuellen Option. In den Zehner- und Zwanzigerjahren des neuen Jahrtausends gelangte Transsexualität in die breite öffentliche Debatte und wurde nicht länger pathologisierend als »Geschlechtsdysphorie«, sondern als gesunder Ausdruck der Identität gewertet.

Pathologisierung fiel seither als hierarchisierendes Machtinstrument des sexuellen Diskurses weg: Wenn alles erlaubt ist, wenn nichts »pervers« ist, kann man dann überhaupt noch davon sprechen, dass die Sexualität unterdrückt wird? Um den sexuellen Diskurs zu ordnen und die Repressionshypothese wieder zum Leben zu erwecken, brauchten ihre Verfechter neue Argumente.

DIE DISKRIMINIERUNGSHYPOTHESE

Die Repressionshypothese funktioniert über Dualität: Dem Unterdrücker ist der Befreier gegenübergestellt, dem Vertuschen das Enthüllen. In den Jahrzehnten, die auf die sexuelle Revolution folgten, fielen nach und nach sowohl die medizinischen Institutionen als auch, dank der Legalisierung der Homosexualität, der Rechtsstaat als repressives Gegenüber weg. Um die Repressionshypothese aufrechtzuerhalten und den Befreiungskampf weiterführen zu können, musste der Beweis angetreten werden, dass noch immer nicht alle Menschen in gleichem Maße frei seien. Darum rückte ein anderer, diffuser Akteur in den Blick jener, die die Sexualität befreien wollten: »die Gesellschaft«.

Die Gesellschaft ist für einen Befreiungskämpfer ein praktischer und aufreibender Gegner zugleich: praktisch, weil sie nicht über Gesetze, sondern über Normen funktioniert. Während repressive Gesetze schriftlich festgehalten sind, lässt sich über repressive gesellschaftliche Phänomene streiten. Wer also behauptet, gesellschaftlich unterdrückt zu werden, kann Erfahrungen und Anekdoten als Belege anführen, die, anders als Gesetzestexte, von Dritten kaum überprüft werden können. Ein aufreibender Gegner ist die Gesellschaft, weil sie überall wirkt: Ihre Normen durchdringen den institutionellen wie den privaten Raum, es gibt kein Entkommen und darum auch keine Pause vom Befreiungskampf. Da die Gesellschaft von heutigen Befreiungskämpfern als genuin schädlich für das Individuum angesehen wird, gilt es, sich ihrem Einfluss beständig zu verschließen. Der schädliche Einfluss der Gesellschaft auf den Einzelnen ist es, der in diesen Tagen den »unablässigen Zustand des Aufpassens« rechtfertigt, von dem Stefan Zweig sprach.

Weil der sexuelle Befreiungskampf in den letzten Jahren seltener rechtliche und häufiger gesellschaftliche – und damit zwischenmenschliche – Normen in den Fokus nimmt, nähern wir uns den Maßstäben jenes religiösen Diskurses wieder an, der laut Foucault im 19. Jahrhundert vom medizinischen Diskurs abgelöst wurde. Statt in Kategorien des Normalen und des Pathologischen denken wir wieder in den Kategorien »der Verfehlung und der Sünde, des Exzesses oder der Überschreitung«. Auch wenn sexuelles Begehren als solches, anders als in religiös geprägten vergangenen Jahrhunderten, nicht mehr verurteilt, sondern affirmiert wird, gilt es, diesem Begehren nachzuspüren: Weil die Sexualität an sich nicht mehr gegen die Sittlichkeit verstößt, unterliegen ihre Absichten und ihre Umstände umso strengerer moralischer Kontrolle. Die Lust selbst ist keine Sünde mehr, sondern nur noch ein Symptom der Sünde, der sichtbare Beleg der »toxischen« Absichten der involvierten sexuellen Subjekte. Nicht die Praktiken selbst stehen unter Verdacht – das wäre schließlich prüde –, sondern ihre übertragenen Bedeutungen.

Die Sexualität wird dabei zur Metapher für gesellschaftliche Missstände: für das Patriarchat, für Machtmissbrauch, für Heteronormativität (also gegengeschlechtliche Sexualität als Norm), für Rassismus, Trans- und Behindertenfeindlichkeit und für kapitalistische Schönheitsnormen. Erwünscht ist Sex, bei dem die Individuen diese gesellschaftlichen Normen kritisch reflektieren und sich gegen ihren Einfluss sträuben. Sex, der die problematischen Normen reproduziert, wird missbilligt.

Erst die Klassifikation der Sexualität als Metapher ermöglicht es, sie aus dem Bereich des Privaten an die Öffentlichkeit zu zerren: Denn wenn das Begehren, die sexuelle und geschlechtliche Identität des Einzelnen symbolisch für gesellschaftliche Missstände stehen, dann erscheint es gerechtfertigt, sie zur Beseitigung dieser Missstände öffentlich zu verhandeln. Die übertragene Bedeutung, die der Sexualität zugemessen wird, ermöglicht also deren öffentliche Diskursivierung; die gesellschaftliche Tragweite der Sexualität ist »Anreiz, über den Sex zu sprechen, und zwar immer mehr darüber zu sprechen; von ihm sprechen zu hören und ihn zum Sprechen zu bringen in ausführlicher Erörterung und endloser Detailanhäufung«, um uns der Worte Foucaults zu bedienen.[37]

Der Blick ins Schlafzimmer wirkt nicht übergriffig, solange er sich dem Schutz der unterdrückten Individuen verschreibt. Um die Schutzbedürftigen zu identifizieren, wurde als zentrale Kategorie der Unterdrückung die Diskriminierung eingeführt. Alles, was diskriminiert wird, muss befreit werden. Diskriminierung muss erkannt, dokumentiert, angeprangert, bekämpft, verhindert werden. Wo sie sich maskiert, muss sie enthüllt werden, wo niemand mit ihr rechnet, muss sie aufgespürt werden, wo niemand sich diskriminiert fühlt, wird schon bald das Gefühl der Diskriminierung keimen: Es zündet eine diskursive Explosion. Die Repressionshypothese hat sich verwandelt. Sie ist zu einer Diskriminierungshypothese mutiert.

DAS HERBARIUM DER LÜSTE

Im Jahr 2014 gab Facebook bekannt, seinen Nutzern fortan 60 Geschlechterkategorien anzubieten.[38] Acht Jahre später präsentierte Microsoft eine »Pride Flag«, die 40 queere Identitäten repräsentieren sollte.[39] War die PR-Abteilung von Microsoft etwa nicht auf dem aktuellen Stand der Sexualforschung? Zwischen 60 und 40 besteht ein entscheidender Unterschied, sollte man meinen: 60 Euro im Portemonnaie sind besser als 40 Euro. 60 neu entwickelte Medikamente heilen mehr Menschen als 40. Im sexuellen Diskurs jedoch hat ein solcher Unterschied keine Bedeutung. Denn dieser orientiert sich nicht an physischen Ressourcen, nicht an realen Phänomenen. Seine Aussagen zielen nicht auf Logik und Kohärenz ab. Inhalte sind ihm nur Mittel zum Zweck. Das entscheidende ist der Sprechakt selbst, der die Macht des Sprechers untermauert.

Um das Sprechen über Sexualität möglich und notwendig zu machen, begeben sich die Befreier auf die Suche nach Belegen, die die Diskriminierungshypothese untermauern: Wo wird die Sexualität noch immer unterdrückt? Wie kann die Unterdrückung qualifiziert und quantifiziert werden? Diese Vorgehensweise ist nicht neu, Foucault beschreibt, wie in der Vergangenheit ein »Archiv der Lüste des Sexes« angelegt wurde: »Lange Zeit hat sich dieses Archiv nur realisiert, um sich sofort wieder aufzulösen. Es ging spurlos vorüber: so wollte es die christliche Beichte. Bis dann die Medizin, die Psychiatrie und die Pädagogik begannen, es festzuhalten. […] Auf diese Weise haben die abendländischen Gesellschaften begonnen, das unbegrenzte Register ihrer Lüste anzulegen. Sie haben das Herbarium der Lüste aufgebaut und ihre Klassifikation begründet.«[40]

Foucault schildert, wie die Psychiater des 19. Jahrhunderts die Perversen »wie Insekten aufreihen und auf seltsame Namen taufen: es gibt die Exhibitionisten von Lasègue, die Fetischisten von Binet, die Zoophilen und Zooerasten von Krafft-Ebing, die Auto-Monosexualisten von Rohleder; es wird die Mixoskophilen, die Gynekomasten, die Presbyophilen, die sexoästhetisch Invertierten und die dyspareunistischen Frauen geben.« Diese Kategorisierung, so Foucault weiter, erzeugt überhaupt erst die Realitäten, die sie zu analysieren vorgibt. »Tatsächlich hämmert sie sie den Körpern ein, läßt sie in die Verhaltensweisen gleiten, macht sie zu einem Klassierungs- und Erkennungsprinzip und konstituiert sie als Daseinsberechtigung und natürliche Ordnung der Unordnung.«[41]

Eine natürliche Ordnung der Unordnung schafft auch die *Süddeutsche Zeitung*, wenn sie, anlässlich des Christopher Street Days 2023 in München, das eingangs erwähnte LGBTQI-Glossar auf einer ganzen Printseite abdruckt. »Greysexuell«, so erfährt man dort, »beschreibt den Bereich zwischen asexuell und allosexuell (siehe Nr. 14).« Der Begriff »allosexuell«, heißt es unter Punkt 14, bedeutet das Gegenteil von Asexualität und wurde eingeführt, »um diskriminierungsfrei über Asexualität sprechen zu können.« »Demigender« hingegen bezeichnet Menschen, »die sich mit ihrem Geschlecht nicht hundertprozentig identifizieren, sich aber wohl genug fühlen, um es zu behalten.« »Pansexuelle« fühlen sich zu allen Menschen hingezogen, unabhängig vom Geschlecht, sollten jedoch nicht mit »Omnisexuellen« verwechselt werden, »die ähnlich wie Pansexuelle (siehe Nr. 11) eine Anziehung zu allen Geschlechtern spüren, aber die Geschlechter auf verschiedene Arten wahrnehmen.« Und neben Demiromantik, Demigender und Demisexualität darf auch die Abrosexualität nicht vergessen werden – eine Sexualität, »die fließend ist oder sich wandelt. Abrosexuelle ändern häufig ihre sexuelle Orientierung, mal empfinden sie sich als hetero-, mal als homo-, mal bisexuell, mal als monogam, mal als polygam, mal als asexuell. Die Phasen können innerhalb von Tagen wechseln, aber auch länger anhalten.«[42]

Mal monogam, mal polygam, mal keine Lust auf Sex – mancher würde das wohl einfach als »Leben« bezeichnen. Die sexuellen Archivare der Gegenwart aber erkennen in jeder Gefühlsregung, in jeder sexuellen Laune eine separate Identität, die identifiziert und klassifiziert werden muss, um sich frei und geschützt entfalten zu können. Auch wenn das sexuelle Herbarium der *Süddeutschen Zeitung* den Eindruck erwecken mag, als manifestiere sich hier eine Zunahme der sexuellen Vielfalt: Vor allem belegt es eine Vervielfältigung der Kategorien. Wo Grenzen einst fließend waren, werden jetzt Trennlinien gezogen. Jede einzelne Minderheit muss erfasst, sichtbar und auf diese Weise für den sexuellen Diskurs verwertbar gemacht werden. Der Sex ist, wie Foucault schreibt, »eine Sache der Verwaltung«.[43]

Wie die Repressionshypothese, so ist auch die Diskriminierungshypothese durch ihren eigenen Erfolg bedroht. Sobald die Diskriminierung einer sexuellen Minderheit angeprangert wurde und diese dadurch Aufmerksamkeit erhalten hat, lässt sich der Vorwurf der Marginalisierung kaum mehr aufrechterhalten. Um den Diskurs fortzuführen, müssen immer neue Minderheiten identifiziert werden, die anschließend befreit werden können. Dies ist der Ursprung des an Insektenforscher erinnernden Interesses an sexuellen Orientierungen, das einen nicht endenden Kreislauf des Enthüllens nach sich zieht: Zunächst wird inmitten der Unordnung des Begehrens die neu entdeckte Minderheit von den bereits bekannten abgegrenzt. Sodann wird sie benannt, in ihrer Besonderheit beschrieben, das Wissen über sie medial verbreitet. Zum Prozess der Klassifizierung gehört zudem eine Bewertung: Die Archivare kennzeichnen die entdeckte Minderheit als »normal« und damit als zulässig; die Gesellschaft, der die Minderheit als neue exotische Art präsentiert wird, soll diese im selben Zug als Teil des »normalen« sexuellen Spektrums anerkennen. Schließlich entwickeln die Archivare Regeln für die empathische Kommunikation mit Angehörigen der Minderheit, die diese vor Stigmatisierung schützen sollen. Wenn auch Allosexualität und Demiromantik hinreichend gewürdigt wurden, wenn das Karussell der Klassifizierung nach vielen Umdrehungen wieder in der Ausgangsposition ankommt, werden mitunter die altbekannten sexuellen Minderheiten aufgewärmt. Dann liest man in den Zeitungen, warum in Wahrheit die Bisexuellen die vergessene marginalisierte Minderheit seien.[44]

Die Einführung neuer sexueller Kategorien ermöglicht es nicht bloß, den sexuellen Diskurs am Laufen zu halten, sie hilft auch dabei, ihn zu ordnen und eine Hierarchie der Sprecher zu etablieren. Während die sprachlichen Regeln und Kategorien angeblich alle sexuellen Subjekte davor schützen sollen, ausgeschlossen zu werden, schließen sie aufgrund ihrer Komplexität absichtlich den Großteil der Bevölkerung aus. Begriffe wie »greysexuell« oder »demiromatisch« dienen nicht der Verständigung, sondern der Distinktion des Sprechers. Am zeitgenössischen sexuellen Diskurs teilnehmen zu können, ist aufgrund des nötigen Vorwissens ein Zeichen von intellektuellem Prestige. Das Ziel ist die Errichtung eines Machtgefälles: Der Sprecher, dessen Sprache die Vielfalt der sexuellen Kategorien am genauesten abbildet, führt diese Ordnung an.

Wer sich outet, sich per Sprechakt etwa als abro- oder pansexuell kennzeichnet, bekräftigt seine Zugehörigkeit zu einer diskriminierten Minderheit und kann besondere Rücksichtnahme der Gesellschaft einfordern. Auch wenn er dadurch einen kurzfristigen persönlichen Machtzuwachs und Statusgewinn erzielen mag, stützt er langfristig das Regime der sexuellen Kontrolle, das die woken Archivare errichtet haben. Sie ruhen nicht, bis sich jeder über die Scannerkasse der sexuellen Präferenzen gezogen hat, die das Begehren etikettiert und mit einem Wert versieht. Hier verschmilzt die Mechanik des sexuellen Diskurses mit jener des Panoptismus, die Foucault in »Überwachen und Strafen« beschreibt. Im Namen der vermeintlichen Ermächtigung kämpft das sexuelle Subjekt um Sichtbarkeit – ohne zu merken, dass die Sichtbarkeit kein Zeichen von Selbstbestimmung, sondern von Fremdkontrolle ist. In der panoptischen Gesellschaft ermöglicht die Sichtbarkeit erst jene gesellschaftliche Kontrolle, vor der sich die sexuellen Minderheiten ursprünglich einmal schützen wollten.

So war noch vor wenigen Jahrzehnten die Bezeichnung »Schwule und Lesben« verbreitet. Dahinter verbarg sich eine ganze Welt sexueller Vielfalt, zum Beispiel Bisexuelle oder Männer, die sich Frauenkleider anzogen. Man könnte diese Schwammigkeit als Zeichen von Liberalität werten: Unter einem Begriff sammeln sich unterschiedliche sexuelle Identitäten, Präferenzen und Praktiken, die sich der exakten Erfassung und gesellschaftlichen Kontrolle entziehen.

Die Generation Krokodilstränen neigt zu einer gegenteiligen Deutung: Nicht wahrgenommen, erfasst und benannt zu werden, wertet sie als Beweis einer Diskriminierung. Erst die explizite Nennung konstituiert, um mit Foucault zu sprechen, die Daseinsberechtigung. Wer hingegen noch nicht erfasst wurde, wer sexuell »im Dunkeln« agiert, schwebt in permanenter Gefahr, diskriminiert zu werden. Kein Wunder, dass Untergrundkulturen heute kaum gedeihen: Ihre Protagonisten würden sofort die Taschenlampen auspacken und alle Ecken ausleuchten.

Die Bekenntnissüchtigen erinnern an Insekten, die an die Fensterscheibe des Labors pochen, sich unters Mikroskop legen und selbst sezieren. Erinnern wir uns daran, was Foucault in »Überwachen und Strafen« schreibt: »Derjenige, welcher der Sichtbarkeit unterworfen ist und dies weiß, übernimmt die

Zwangsmittel der Macht und spielt sie gegen sich selber aus; […] er wird zum Prinzip seiner eigenen Unterwerfung.«[45] In ihrem Umgang mit Sexualität bestätigt sich, wie sehr die Generation Krokodilstränen die Machtverhältnisse bereits internalisiert hat. Sie befeuert das Misstrauen gegenüber dem selbstbestimmten Sex, indem sie den kontrollierenden Zugriff der Gesellschaft nicht ablehnt, sondern durch das Buhlen um Anerkennung befördert. Auf einmal erscheinen jene Bereiche der Sexualität, die noch nicht erfasst wurden, zwielichtig. So verstetigt sich ein übergriffiges Bewertungssystem, das neue Normen kreiert. Die sexuellen Befreiungskämpfer der Gegenwart treten auf wie Gutachter eines Sex-TÜVs, die die Deutungshoheit über das Erlaubte innehaben.

DAS GESTÄNDNIS

Wer die Sexualität diskursivieren will, muss schwache Subjekte kreieren. Ihnen kann er die Worte in den Mund legen. Alles andere wäre bedrohlich: Subjekte, die in eigenen Worten, in verbotener Sprache sprechen – oder gar schweigen.

Schweigen ist der Feind der Diskursivierung. Daher wird vorgebeugt: »Fällt es dir schwer, über deine sexuellen Wünsche zu sprechen? Damit bist du nicht allein, das geht vielen Menschen so. Aber nur, wenn du deine Bedürfnisse und Wünsche mitteilst, können andere darauf eingehen.« So berät die Beratungsstelle Pro Familia Jugendliche in der Broschüre »Sex, Respekt, Lust und Liebe«. Zum Glück kann man das Sprechen üben: »Ein Anfang könnte sein, dass ihr gemeinsam herausfindet, welche Wörter ihr verwenden wollt. Verwendet ihr Kosenamen für eure Geschlechtsorgane? Miteinander über Sex zu sprechen wird mit jedem Mal ein wenig leichter.« Manchmal, gesteht die Broschüre großzügig zu, reichten auch »wortlose Gesten«, aber: »für ein sicheres Verstehen und ein gutes Gefühl kann es auch wichtig sein, darüber zu reden, wie sich etwas anfühlt. Und es ist auch wichtig, dass du hin und wieder nachfragst, wie und ob es der anderen Person gefällt.« Denn: »In dem Moment, wo du etwas machst, das die oder der andere nicht möchte, ist das […] ein sexueller Übergriff, der falsch und verboten ist.« Also »lieber einmal mehr nachfragen«.[46]

Die Jugendlichen werden hier zu Teilnehmern des sexuellen Diskurses ausgebildet; sie werden trainiert in der, wie Foucault es in »Der Wille zum Wissen« nennt, »unendlichen Aufgabe, sich selbst oder einem anderen so oft als möglich alles zu sagen, was zum Spiel der Lüste, der zahllosen Gefühle und Gedanken gehört, die in irgendeiner Weise den Körper und die Seele mit dem Sex verbinden«.[47] Die Jugendlichen lernen nicht nur, über den Sex zu sprechen, sie lernen auch, ihre Lust zu bezeugen und die Lust des anderen zu prüfen: gestehen und Geständnisse abringen.

»Das Geständnis«, schreibt Foucault, »war und ist bis heute die allgemeine Matrix, die die Produktion des wahren Diskurses über den Sex beherrscht.« Zunächst eingebaut in die christliche Buße, wandelte sich das sexuelle Geständnis, wurde Teil der pädagogischen und medizinischen Praxis, der Strafverfolgung, der Erziehung. Es »ist in eine Serie von Beziehungen eingesetzt worden: Kinder und Eltern, Schüler und Pädagogen, Kranke und Psychiater, Delinquenten und Experten. […] Es dreht sich nicht mehr nur darum zu sagen, was geschehen ist – der sexuelle Akt – und wie, sondern darum, in ihm und um ihn herum die Gedanken zu rekonstruieren, die ihn verdoppelt haben, die Zwangsvorstellungen, die ihn begleiten, die Bilder, die Begehren, die Modulationen und die Qualität der Lust, denen er Raum gibt.«[48]

Wie weit die Pädagogik geht, wenn sie heute die jungen Menschen darin unterrichtet, das Begehren zu gestehen und sich gegenseitig Geständnisse abzuringen, zeigt sich an der amerikanischen Princeton University. Deren Beratungsstelle für sexuelle Gewalt veröffentlichte 2017 kurz vor einem Fest ein Poster, das

Auskunft darüber gab, wie »Einvernehmen beim Tanzen aussieht«. Die Studenten wurden angeregt, nicht nur vor dem Tanz, sondern auch währenddessen regelmäßig das Einvernehmen des Tanzpartners einzuholen: »Macht es dir noch Spaß? Wenn nicht, können wir aufhören!«[49] Die Princeton-Initiative »UMatter«, in deren Rahmen das Plakat entstand, erklärt auf ihrer Website die einzelnen Schritte, um in sexuellen Situationen Einverständnis einzuholen. Zunächst müssten die Studenten verstehen, was Einvernehmen bedeute, dann dieses zu Beginn der konkreten Situation beim Sexualpartner abfragen und schließlich diese Prüfung während des Akts kontinuierlich fortführen. Sie könnten etwa fragen: »Darf ich dich berühren?«, bei jeder neuen sexuellen Handlung müssten sie »Schritt 2 und 3« wiederholen, dem Partner »physischen Raum und Zeit« für die Antwort geben. Erst ein mündliches »Ja« belege das Einvernehmen. Der Körpersprache sei nicht zu trauen: Zwar enthalte sie »absolut legitime Formen der Kommunikation«; wenn es um sexuelles Einvernehmen gehe, sei sie aber »nicht genug«: »Sich beim Sex nur auf nonverbale Hinweise zu verlassen, ist ziemlich unsicher, und die Einsätze sind zu hoch, um sich zu irren.«[50]

Hier klingt eine Drohung an, die in Gesetzestexten zahlreicher europäischer Länder in den vergangenen Jahren ausformuliert wurde, etwa in Schweden, Dänemark oder Spanien: Die »Ja heißt Ja«-Regelung definiert Vergewaltigung neu. Nur nach ausdrücklicher Zustimmung beider Beteiligten sind sexuelle Handlungen legal. Alles andere kann vor Gericht als Übergriff gewertet werden – selbst wenn sich das Opfer weder körperlich noch verbal gewehrt hat. Die Rolle des Rechts verschiebt sich dabei: Anstatt das Verbotene zu definieren (die Nötigung), wird das Erlaubte reglementiert (der Sex, bei dem das Einverständnis fortwährend zum Ausdruck gebracht werden muss). Der Sex erlangt erst durch die korrekte Diskursivierung juristische Legitimität.

Die Einsätze sind in der Tat hoch: Nicht mehr nur für die Opfer, die sich vor sexuellen Übergriffen schützen wollen, sondern zunehmend für jeden, der sich den Regeln des sexuellen Diskurses widersetzt. Wer die Körpersprache für eine starke Sprache hält, die nicht verbalisiert werden muss, wer an Intuition und Flow glaubt, wer der Sexualität Grauzonen zugesteht, die sich nicht auf eine binäre juristische Logik reduzieren lassen, der macht sich verdächtig.

Worum aber geht es in diesem Spiel, in dem unsere persönlichen Einsätze immer höher werden? »Entscheidend ist«, schreibt Foucault, »daß der Sex nicht nur eine Angelegenheit von Gefühl und Lust, Gesetz und Verbot, sondern ebenfalls eine von wahr und falsch, daß die Wahrheit des Sexes eine wesentliche Sache, eine nützliche oder bedrohliche, wertvolle oder zweifelhafte Sache geworden ist, kurz, daß der Sex zum Einsatz im Wahrheitsspiel geworden ist.«[51] Das Gegenüber, dem die Erlaubnis zur Berührung, zum Kuss, zur Penetration abgerungen werden muss, das seine Lust gestehen muss, noch bevor diese überhaupt angeregt werden konnte – dieses Gegenüber spielt seine Rolle im Wahrheitsspiel: Als Individuum ist es dem sexuellen Diskurs völlig gleichgültig. Gebraucht wird es als Metapher. Was das Gegenüber eigentlich gestehen soll, ist nicht seine Lust, sondern seine Abhängigkeit von jenem, der es um Erlaubnis fragt. Es wird als zu schwach wahrgenommen, um eine sexuelle Handlung aktiv abzulehnen und seinen Widerspruch ungefragt zu artikulieren; darum muss es examiniert werden. Indem es sein Einverständnis brav verbalisiert, indem es sich in die Passivität fügt, gesteht es die Wahrheit des sexuellen Diskurses, die besagt, dass Sex noch immer ein Akt der Unterdrückung ist. Und weil die körperlich Unterlegenen fast immer die Frauen sind, sind vor allem sie es, die zu schwachen, passiven Subjekten erklärt werden, deren Einverständnis abgefragt werden muss.

Aber auch der Mann gesteht, während er das Geständnis entlockt: Er gesteht, der körperlich Überlegene zu sein. Er gesteht, dass männliche Überlegenheit im Übergriff enden kann, dass sein sexueller Trieb eingehegt werden muss, dass er sich und die

Frau kontrollieren muss, um sie beide sexuell zu befreien. Mit seinen Fragen bringt er den Sex zum Sprechen und unterwirft sich dem sexuellen Diskurs. Mann und Frau reproduzieren so wieder und wieder die heute gültige Wahrheit des Sexes.

Sexuelle Handlungen zwischen Männern und Frauen werden also durch sprachliche Rituale legitimiert. Gleiches gilt für Homosexualität: Auch hier spielt das Geständnis eine zentrale Rolle, auch hier versteckt es sich hinter einem Namen, der nach Befreiung und Selbstbestimmung klingt: Coming-out. Das Coming-out ist ein Moment, in dem die Wahrheit über das Begehren gesagt wird. In dem die Lust ultimativ etikettiert wird. Und wenn sie sich danach wandelt? Dann braucht es ein neues Coming-out. Bei jungen Menschen kommt es heute vor, dass sie sich immer wieder outen: erst als homosexuell, dann als non-binär, als trans, und so fort. Das Herbarium der Lüste bietet reiche Auswahl.

Zu schweigen, statt sich zu outen, kommt innerhalb der Generation Krokodilstränen einem Verrat gleich. Dies bekam die amerikanische Sängerin Billie Eilish zu spüren. Lange Zeit wurde sie beschuldigt, sogenanntes Queerbaiting zu betreiben, sich also mittels lesbischer Bildsprache an ein queeres Publikum anzubiedern, ohne selbst bisexuell zu sein.[52] Ende 2023 bekannte Eilish dann in einem Interview beiläufig, dass sie sich »körperlich zu Frauen hingezogen« fühle. Als Medien im Anschluss berichteten, die Sängerin habe sich als bisexuell geoutet, zeigte sich Eilish überrascht. Sie glaube nicht an die Idee des Coming-outs: »Warum können wir nicht einfach existieren? Ich mache das schon seit langer Zeit und habe einfach nicht darüber gesprochen.«[53] Die Journalistin Meret Weber, wie Eilish 2001 geboren, warf der Sängerin daraufhin in einem Kommentar vor, sie trage zur Entpolitisierung von Queerness bei: Für den Großteil der Welt sei »queeres Leben« alles andere als selbstverständlich. Jemand wie Eilish dürfe »diese Realität nicht vergessen«. Es sei gefährlich, »wenn die Menschen, die gerade weniger bedroht sind, weniger

Gewalt erleben und mehr Anpassungsmöglichkeiten haben, nicht mehr über queeres Leben sprechen wollen«.[54]

Das Geständnis stützt auch hier die Diskriminierungshypothese. Es erweckt den Anschein, einen Funken sexueller Wahrheit zu produzieren in einer Welt voller Unwahrheit. Es stellt scheinbar einen Akt der sexuellen Revolte dar, ein Aufbegehren gegen die sexuelle Unterdrückung. Die Aussage »Ich bin queer« sagt wenig über die Sexualität des Sprechers aus – denn hinter diesem Wort kann sich vieles verstecken –, dafür umso mehr über seine gesellschaftspolitischen Ansichten. »Ich bin queer« bedeutet »ich weiche von der Norm ab« bedeutet »die Gesellschaft normiert die Sexualität« bedeutet »sexuelle Abweichung wird diskriminiert«. Das Coming-out markiert die Abweichung von der Norm und lässt Letztere dadurch umso mächtiger erscheinen. Diese Stärkung des Unterdrückers hält die Diskriminierungshypothese am Leben: Wer seine Sexualität gestehen muss, so sollen die Zuhörer folgern, der wird offensichtlich diskriminiert.

Der sexuelle Diskurs offenbart sich hier erneut als Wahrheitsdiskurs, als »Universalschlüssel, wenn es darum geht zu wissen, wer wir sind«.[55] Besonders deutlich wird dies in einem für Transpersonen verwendeten Begriff: Sie seien »im falschen Körper geboren«, hieß es lange Zeit (bis diese Ausdrucksweise nicht mehr den Regeln entsprach). Der als falsch deklarierte Körper wird hier zum Beweis für eine höhere immaterielle Wahrheit. Nicht die Eigenwahrnehmung wird als gestört angesehen, sondern die physische Realität, die sich erfrecht, sich nicht der eigenen Wahrnehmung zu unterwerfen. Der Körper als Ungerechtigkeit, als wandelnder Beweis der Diskriminierungshypothese. Schon in den Diskursen über die Sexualität im 19. Jahrhundert beobachtet Foucault »das Fehlen jeder elementaren Rationalität«; er nennt sie eine »seltsam trübe Zone«, die eine »Sonderstellung in der Geschichte der Erkenntnisse« einnehme.[56] Diese Sonderstellung hat sich der sexuelle Diskurs bewahrt: Die entschiedensten Anhänger der Wissenschaft, die sonst jede politische Entscheidung nach wissenschaftlichen Kriterien treffen wollen und ihre Gegner als Leugner wissenschaftlicher Erkenntnisse verleumden, drücken bei der Transsexualität ein Auge zu und glauben bereitwillig an »falsche Körper«. Was gestanden wird, ist wahrer als das, was gemessen wird.

Das Geständnis produziert also »Wahrheit«. So stützt es den sexuellen Diskurs inhaltlich und stärkt zugleich die Machtverhältnisse: »Es ist ein Ritual«, schreibt Foucault, »das sich innerhalb eines Machtverhältnisses entfaltet, denn niemand leistet sein Geständnis ohne die wenigstens virtuelle Gegenwart eines Partners, der nicht einfach Gesprächspartner, sondern Instanz ist, die das Geständnis fordert, erzwingt, abschätzt und die einschreitet, um zu richten, zu strafen, zu vergeben, zu trösten oder zu versöhnen«.[57] Die Praxis des Geständnisses produziert also nicht nur Geständige, sondern auch Richter. Wie aber gehen diese vor, um immer weitere Bereiche der Gesellschaft in ihre Gerichtssäle zu verwandeln und schon die Jüngsten ihren Regeln zu unterwerfen?

DIE UNERSÄTTLICHEN

Im Jahr 2022 erklärte die Sozialarbeiterin und Opferberaterin Agota Lavoyer in der *Frankfurter Allgemeinen Sonntagszeitung*, wie Eltern ihre Kinder vor sexuellen Übergriffen schützen könnten. Sexualisierte Gewalt an Kindern sei ein Tabu, »mit Sprachlosigkeit belegt«. Auch sie selbst habe als Kind weder zu Hause noch in der Schule »Wörter beigebracht bekommen, um Gewalt zu benennen«. Dabei könne man mit Kindern schon ab drei oder vier Jahren über das Thema sprechen: »Man muss gar nicht die Wörter ›Missbrauch‹ oder ›sexualisierte Gewalt‹ in den Mund nehmen, sondern kann über das Küssen reden, das Auf-den-Schoß-Nehmen oder das Trösten.« Hierfür könnten »unendlich viele alltägliche Momente« als Anlass dienen: »Wenn sich das Kind umzieht, wenn es kuscheln will, wenn man es kitzelt oder wenn es duscht.« Letzteres nutzte sie bei ihrem neunjährigen Sohn als Gelegenheit. »Weil er im Bad nicht allein sein wollte, war ich mit im Raum, während er geduscht hat. Ich habe ihn gefragt: ›Wie wäre es, wenn ich jetzt auch unter die Dusche komme?‹ Er sagte: ›Ja, wenn du möchtest, kannst du kommen.‹ Mich hat das überrascht«, erzählte Lavoyer den Journalisten und ergänzte: »Wenn er bereit war, mit mir zu duschen, hätte er das vielleicht auch mit Großeltern, Onkel oder Tante getan. Für mich war klar: Ich will diese Nähe nicht.« Hinterher wies sie ihren Sohn an, nicht mit anderen Erwachsenen zu duschen.[58]

Ein angetäuschter Übergriff als Schutz vor tatsächlichen Übergriffen: Hier wird eine verblüffende pädagogische Volte geschlagen. Einen Neunjährigen, der sich ängstigt, zunächst mit der Frage nach gemeinsamem Duschen zu bedrängen, um ihn dann wegen seiner zustimmenden Antwort erneut in Bedrängnis zu bringen, erinnert an genau jene Übergriffigkeit, die zu bekämpfen Lavoyer sich auf die Fahnen geschrieben hat. Schwüle Gespräche, mit denen man seine Kinder beim Kuscheln oder Umziehen überfällt, erscheinen im Namen der Diskursivierung gleich heroischer: Kampf gegen das Tabu, Suche nach Wörtern, die die Gefahr benennen und auf diese Weise bannen.

So widersinnig diese Form der Sexualerziehung erscheint, so verbreitet ist sie mittlerweile: Der vermeintliche Schutz vor dem Übergriff rechtfertigt systematische Übergriffigkeit. Auch Pro Familia sieht sich in der Pflicht, die kindliche Sexualität zum Sprechen zu bringen, um die Kinder zu schützen. Die Broschüre »So bin ich, so bist du« richtet sich an Grundschulkinder, damit diese »eine Sprache für sich, ihren Körper und ihre Gefühle entwickeln«, denn nur so könnten sie »Wünsche formulieren und Grenzen setzen«. Problematisch seien hingegen »Tabuisierungen, Sprachlosigkeit sowie eine Vieldeutigkeit von Begriffen«. Nachdem die Protagonisten Luis, Karla, Timur und Melina eingeführt und ihre ausgesprochen diversen Familien vorgestellt wurden, beginnt das Heft harmlos mit Informationen zu genetischen Prozessen. Schnell aber sind die Autoren bei Peinlichkeit und Scham angelangt, und ihre Ausführungen (»Scham ist auch ein hilfreiches Gefühl. Es zeigt dir, wo du Grenzen spürst«) lesen sich wie eine Absicherung für alles, was folgt. Unter der Überschrift »Dein Körper und du« erfahren die Grundschulkinder: »Es ist wichtig, seinen eigenen Körper zu kennen.« Ihnen wird nahegelegt, sich im Spiegel anzuschauen, »auch nackt und an allen Körperstellen. [...] Du kannst alles an dir anfassen, streicheln und liebkosen.« In Sprechblasen äußern sich Kinder. »Ich streichele gerne meine Haut mit einer Feder. Das kitzelt so schön«, sagt eines, ein anderes: »Ich fasse gerne meinen Penis an. Die Eichel ist so samtig.« Pädagogen, die über samtene Eicheln kleiner Jungen fabulieren: Die Bekämpfung der Sprachlosigkeit legitimiert noch das übergriffigste Sprechen.

Besonders engagiert wachen die Pädagogen über den weiblichen Körper. Den, wie es im Heft verklemmt heißt, »Bereich, den man zwischen den Beinen eines Mädchens sehen kann«, bezeichneten viele als Scheide, »obwohl das nicht richtig ist«.[59] Auch die Pro-Familia-Broschüre »Mädchen * Jungen«, die »Informationen für Kinder und Jugendliche« über den Körper bietet, warnt vor dem Begriff: »Viele sprechen aber auch (nicht korrekt) von ›Scheide‹, wenn sie diesen Bereich meinen.«[60] Das Wort ist so gefährlich, dass seiner Vermeidung ein ganzes Kinderbuch gewidmet ist: »Lina, die Entdeckerin«. Die vielleicht sechsjährige Protagonistin kennt sich im sexuellen Diskurs bestens aus: »Lina weiß, dass ihr Geschlechtsorgan Vulva heißt – und nicht ›dort unten‹ oder ›zwischen den Beinen‹«, schreibt der Verlag. Das Buch, das laut Amazon-Kundenempfehlungen für Kinder zwischen drei und acht Jahren geeignet ist, zeigt die entblößte Lina, wie sie auf einem riesigen Venushügel einen Campinggrill aufgestellt hat und ein Spiegelei brät, dazu die Verse: »In Gedanken besteigt sie ihren Venushügel,/gleitet dann hinab die großen Flügel.« Laut Verlag fördert das Buch einen »selbstverständlichen Umgang mit den Geschlechtsorganen« abseits von »Unsicherheiten und Tabus«[61], was schon deshalb nicht einer gewissen Komik entbehrt, weil der Verlag im selben Zuge Begriffe wie »dort unten« zum Tabu erklärt. Was aber dort unten zwischen den Beinen einer Frau zu sehen ist, darf unter keinen Umständen mit der Vagina oder Scheide verwechselt werden, so lernt der Leser, denn Letzteres ist »nur die Höhle, die ins Innere führt«.[62]

Hier schleicht sich ein überraschend abwertender Tonfall ein, wollen die Autoren doch eigentlich ein »positives Körpergefühl« schaffen. Es wird offenbar, worauf die Verbannung des Wortes »Scheide« und seine Ersetzung durch »Vulva« abzielt: Der äußere Bereich des weiblichen Genitals soll aufgewertet werden, der innere an Bedeutung verlieren. Der Feminismus stellt seit Längerem die Klitoris ins Zentrum des weiblichen Lustempfindens und erklärt den vaginalen Orgasmus zur Ausnahme oder für inexistent. Die Emanzipation der Frau soll auch mit der Emanzipation von männlicher Penetration einhergehen.

Sexualerziehung dient dabei als Träger für gesellschaftspolitische Botschaften; der Diskriminierung der Frau wird vorgebeugt. Wir haben es mit jenen »diskursiven Strategien« zu tun, die Foucault seit dem 18. Jahrhundert in den Bildungsanstalten beobachtet: Die Kinder sollten »nicht nur das stumme und bewußtlose Objekt von Bemühungen sein, die einzig zwischen den Erwachsenen abgesprochen waren, sondern man zwang ihnen einen vernünftigen, begrenzten, anständigen und wahren Diskurs über den Sex auf«. Foucault spricht von »diskursiver Orthopädie«.[63]

Wie beim Geständnis, so wird auch hier ein Machtverhältnis wirksam. Es erhebt den Erwachsenen in die Position des Richters, der über die korrekte Sprache waltet. Darin offenbart sich jener »Gewinn des Sprechers«, den Foucault bei den selbsternannten Befreiern der Sexualität, den Enthüllern des Tabus erkennt. Das Kind muss unterworfen werden, um es zu befreien. Es wird in die Abhängigkeit gedrängt, indem man es für falsche

Worte beschämt und ihm Regeln aufzwingt. Dass die Erwachsenen das Kind eben nicht nur als stummes Objekt ihrer Bemühungen behandeln, sondern ihm das Sprechen aufzwingen, erweitert ihre eigene Macht: Denn so gehen sie der Konfrontation mit einem gleichgestellten Gegenüber – einem Erwachsenen – aus dem Weg. Indem die Opferberaterin das Duschverhalten ihres Sohnes kontrolliert anstelle von jenem potenzieller Sexualstraftäter, wählt sie ein unterlegenes Gegenüber. Statt stellvertretend für das Kind den Konflikt mit den Tätern zu suchen und sich dabei mit der unterlegenen kindlichen Position zu solidarisieren, arrangiert sie eine Gesprächskonstellation, die ihre eigene Machtausübung maximiert.

Das Machtgefüge kontrolliere die Lust jedoch nicht nur, so Foucault, es führe auch zu einem »Gewinn an Lust«: »Die Macht, die sich auf diese Weise der Sexualität annimmt, macht sich anheischig, die Körper zu streicheln; sie liebkost sie mit den Augen [...]. Die Macht ergreift und umschlingt den sexuellen Körper.« Die Prozeduren der sexuellen Kontrolle vervielfachen jene Lust, die das Objekt ihrer Nachforschungen ist: »Lust, eine Macht auszuüben, die ausfragt, überwacht, belauert, erspäht, durchwühlt, betastet, an den Tag bringt; und auf der anderen Seite eine Lust, die sich daran entzündet, dieser Macht entrinnen zu müssen.«[64]

An den Lustgewinn der sexuellen Kontrolleure muss man unwillkürlich denken, wenn man den Videotrailer zu »Lina, die Entdeckerin« ansieht. Mit buchstäblich genitalem Ernst sprechen Autorin und Verlagsmitarbeiter einzelne Worte in die Kamera: »Ve – nus – hügel.« »Vulva – lippen.« »Klitoris.« Dann unterhalten sie sich, unterlegt mit kindlich-schwungvoller Musik, über die Protagonistin, »ein junges, aufgewecktes Mädel, das sich interessiert für seinen Körper«. Schließlich der belehrende Blick in die Kamera: »Lasst uns das weibliche Geschlechtsorgan doch endlich beim Namen nennen: Vulva!«[65]

Erwachsene, berauscht vom sexuellen Diskurs der Kinder. Das Aufklärungsbuch »Von wegen Bienchen und Blümchen«

richtet sich an Kinder ab fünf Jahren. »Was kribbelt da so schön?«, steht in Schreibschrift geschrieben neben einem kleinen Mädchen, dass sich staunend auf die Unterhose schaut. »Wenn Papa dir den Nacken krault, bekommst du manchmal Gänsehaut«, heißt es im nebenstehenden Text. Den Eltern raten die Autoren, mit kleinen Kindern frühzeitig über das »Kribbeln im Genitalbereich« zu sprechen. Auch Informationen zum »dritten Geschlecht« würden das Kind »nicht verstören«, es sei vielmehr die »Pflicht« der Eltern, darüber aufzuklären. Wichtig sei es auch, die Geschlechtsteile korrekt zu benennen: »Sie können Ihrem Kind einen Handspiegel zur Verfügung stellen, damit es sich aus allen Winkeln betrachten kann. Ermutigen Sie Ihr Kind, sich im Intimbereich zu erkunden.« Auch Regeln für Doktorspiele hält das Buch parat, acht an der Zahl, »keine Gegenstände oder Körperteile in Popo, Vagina oder andere Löcher im Körper«, werden die Fünfjährigen angeleitet.[66] Das Buch »Was glitzert denn da?« weckt mit Glitzerakzenten die »Lust am Ausprobieren« und versteht sich als »Plädoyer zur lustbetonten Selbstliebe«.[67] Eine Rezension hebt positiv hervor, dass Bezeichnungen wie »Gebärmutter« umgangen und durch Fachtermini ersetzt würden, fragt jedoch, ob »zehn Abbildungen unterschiedlicher Sexpositionen« für Kinder ab acht »bereits interessant« seien.[68] Das Buch »Überall Popos« wiederum handelt vom Schwimmbadbesuch der kleinen Mila, die es »cool« findet, die »vielen verschiedenen Popos« der nackten Frauen in der Umkleide anzuschauen: »weiße, braune, dellige, niedliche … Und dann kann man auch noch so viele Brüste sehen!« Mila tanzt mit einer der nackten Frauen, von deren schaukelnden Brüsten wird ihr »fast schwindelig«; sie findet es auch »spannend, immer zu gucken, wie die Scheide aussieht«. Der auf Geschlechtsteile fixierte Blick, der dem Mädchen zugeschrieben wird, macht auch vor dem eigenen Vater nicht halt: »Seine Badehose sieht klein aus. Immer wenn sie hier sind, sagt er, dass sie eingelaufen ist …«[69]

Erinnern wir uns an die Worte von Stefan Zweig. Wir sind mittlerweile selbst eine Gesellschaft geworden, die gezwungen ist, »unablässig an das Unsittliche« zu denken, um »ihm in allen Formen des Lebens, Literatur, Kunst, Kleidung« nachzuspüren, um »jede Anreizung zu verhüten«. Wie sonst kommen Autoren dazu, überall »Popos« und »Vulven« zu sehen, sobald sie an Kinder denken? Um sexuelle Übergriffe zu verhindern, so erzählt man uns, müssen wir die Kinder mit sexuellen Informationen überschütten; um dem Unsittlichen Einhalt zu gebieten, das Unsittliche praktizieren.

In dieser Atmosphäre, die vorgibt, sexuelle Gewalt aus dem Leben der Kinder fernzuhalten, wird die Sexualität mittels diskursiver Techniken umso rabiater in der kindlichen Realität verankert. Wieder eine Parallele zu den Bildungsanstalten des 18. Jahrhunderts: Auch wenn man auf den ersten Blick den Eindruck bekommen könnte, so Foucault, »daß praktisch nicht mehr vom Sex geredet wird« – man brauche »nur einen Blick [...] auf die Disziplinarreglements und die gesamte innere Organisation zu werfen: unaufhörlich dreht sich alles um den Sex«. »Der Sex des Kollegiaten ist [...] zu einem öffentlichen Problem geworden«; Mediziner, Pädagogen, Erzieher entwickeln Vorschriften, medizinische und moralische Ratschläge; Foucault zitiert aus der Polizeiverordnung für Gymnasien von 1809: »Die Betten werden durch Trennwände von zwei Meter Höhe getrennt. Die Schlafsäle sind während der Nacht beleuchtet.«[70]

Auch die diskursiven Orthopäden der Gegenwart beleuchten die hintersten Winkel, um den als schädlich wahrgenommenen Formen von Sexualität nachzuspüren; bei uns dreht sich, um sexuellen Machtmissbrauch zu verhüten, alles unaufhörlich um den Sex. Die Schriftstellerin Isabel Allende erzählte 2022 in einem Interview: »Vor Kurzem war ich in einem Restaurant und sagte etwas Nettes zu der Kellnerin, weil sie sehr hübsche große grüne Augen hatte, die über ihrer Maske zu sehen waren. Ich sagte ihr nur: ›Sie haben wunderschöne Augen‹ – und sie fühlte sich deshalb belästigt.«[71] Wo allem nachgespürt werden muss, verwandelt sich jedes Wort in Beweismaterial.

DIE BEFREIUNG

Für die deutsche Ausgabe von »Der Wille zum Wissen« hat Michel Foucault ein kurzes Vorwort verfasst. Darin kommt er auf seine französischen Kritiker zu sprechen: Sie hätten ihm vorgeworfen, er leugne, dass die Sexualität unterdrückt worden sei. »Ich habe aber keineswegs behauptet, daß es keine Unterdrückung der Sexualität gegeben habe.«[72] Der große Foucault unter Rechtfertigungsdruck? Als homosexuellem Mann könnte es ihm zumindest wichtig gewesen sein, zu betonen, dass er die Unterdrückung der Sexualität nicht bestritt.

Die Konfliktlinien, die sich hier abzeichnen, treten heute viel deutlicher zutage; sie sind mittlerweile zu einem festen Bestandteil des sexuellen Diskurses geworden. Wer die sexuellen Befreier kritisiert, wer ihren Eifer der Enttabuisierung problematisiert, dem wird vorgeworfen, die Unfreiheit und die Tabuisierung zu leugnen und diesen damit in die Hände zu spielen. Wer etwa Transaktivisten angreift, wird beschuldigt, die belastende Realität von Transsexuellen zu ignorieren und damit zu fördern. Wer sich gegen die Übersexualisierung von Kindern wehrt, gerät unter Verdacht, zur prüden Sexualerziehung der Fünfzigerjahre zurückkehren zu wollen. Es ist eine Strategie des absichtlichen Missverstehens: Die sexuellen Befreier unterstellen jedem, der ihren Befreiungskampf als übergriffig empfindet, sich für die Unfreiheit einzusetzen. So soll Widerspruch unmöglich gemacht werden, und zwar zuvorderst im eigenen, progressiven Lager: Denn wer widerspricht, wird zum Reaktionär erklärt.

Dabei ist stets beides zugleich möglich: Man kann die emanzipatorische Kraft eines Coming-outs anerkennen und es gleichzeitig für bedenklich halten, wenn dieses sich, durch jugendlichen Gruppendruck forciert, zu einem modischen Ritual entwickelt. Man kann frühkindliche Sexualität für existent und altersgerechte Doktorspiele für angemessen halten, ohne Kleinkindern dafür Regelwerke erstellen zu wollen, die komplexer sind als bei so mancher BDSM-Party. Man kann sich freuen, dass die Pathologisierung sexueller Minderheiten weitgehend überwunden ist, ohne deshalb auf offener Straße zum Zuschauer von Fetischritualen werden zu wollen. Man kann die gesetzliche Gleichberechtigung von Homosexuellen begrüßen und trotzdem die Heteronormativität nicht als Grundübel unserer Zeit ansehen – schließlich sind es die heterosexuellen Beziehungen, aus denen auf natürliche Weise Nachwuchs hervorgeht. Man kann sexuelle Übergriffigkeit als eines der schlimmsten Vergehen empfinden und dennoch Frauen zutrauen, Nein zu sagen, solange sie nicht bedroht werden oder unter Einfluss von Rauschmitteln stehen. Man kann schmierige Komplimente abstoßend finden und gerade deshalb mit Bedauern beobachten, wie die Kunst des Flirts durch eine Erotik des Antiseptischen ersetzt wird.

Foucault gibt uns das theoretische Rüstzeug, um beides anzuerkennen: die Unterdrückung einerseits und ihre Instrumentalisierung durch vermeintliche Befreier andererseits. Seine Philosophie versetzt uns in die Lage, nach den Nutznießern des sexuellen Befreiungskampfs zu fragen und ihre Motive zu enttarnen, ohne dadurch zu Fürsprechern sexueller Repression zu werden. Bezogen auf die Diskriminierungshypothese ermöglicht Foucault uns, die Diskriminierung zusammenzudenken mit ihrer Instrumentalisierung durch selbsternannte Antidiskriminierungsaktivisten. Das hat Folgen weit über den sexuellen Diskurs hinaus: Foucault unterstreicht in seinem Vorwort, »daß die Sexualität hier nur ein Beispiel für ein allgemeines Problem ist, das ich seit über fünfzehn Jahren verfolge und das mich seit über fünfzehn Jahren verfolgt. Es ist das Problem, das fast alle meine Bücher bestimmt: Wie ist in den abendländischen Gesellschaften die Produktion von Diskursen, die […] mit einem Wahrheitswert geladen sind, an die unterschiedlichen Machtmechanismen und -institutionen gebunden?«[73] Auch uns soll diese Frage im Weiteren beschäftigen: Wie wird heute durch diskursive Techniken Wahrheit und damit Macht produziert? Welche Rolle spielt die Diskriminierungshypothese dabei, auch über den sexuellen Diskurs hinaus?

Halten wir jedoch zunächst fest: Wer sich dagegen wehrt, befreit zu werden, der will nicht zwangsläufig in Unfreiheit leben. Vielleicht sagt er einfach: Ich bin schon frei!

KAPITEL III

DIE MACHT DER KROKODILSTRÄNEN

MACHT DURCH OHNMACHT

»In den Diskurs, den ich heute zu halten habe, und in die Diskurse, die ich vielleicht durch Jahre hindurch hier werde halten müssen, hätte ich mich gern verstohlen eingeschlichen.«[74] Mit diesen Worten beginnt Michel Foucault im Dezember 1970 seine Antrittsvorlesung am Collège de France in Paris. Zwar hat er schon zuvor als Professor an Universitäten gelehrt, dennoch stellt seine Berufung auf den neuen Lehrstuhl eine Veränderung dar: Am Collège de France finden keine Prüfungen statt, Foucault kann sich ganz auf das Vortragen konzentrieren und seinen Arbeitsbereich selbst definieren. Bis zu seinem Tod im Jahr 1984 wird er 13 Vorlesungsreihen halten; die Zuhörer sind mitunter so zahlreich, dass Foucaults Stimme über Lautsprecher in benachbarte Räume übertragen wird.[75] Seine Vorlesungen sind intellektuelle Ereignisse. Warum also wirkt er bei seinem Antritt so schüchtern? Er scheint seine neue Rolle geradezu von sich zu weisen: »Ich hätte gewünscht, während meines Sprechens eine Stimme ohne Namen zu vernehmen, die mir immer schon voraus war«, bekennt er. »Anstatt der Urheber des Diskurses zu sein, wäre ich im Zufall seines Ablaufs nur eine winzige Lücke und vielleicht sein Ende.«[76]

Was schüchtern klingen mag, ist in Wahrheit eine spielerische

Vorwegnahme seiner philosophischen Kernfrage (und des Widerspruchs, der sich aus ihr ergibt): Wie produzieren Diskurse Macht? An diesem Tag im Dezember 1970 wird Foucaults Teilnahme am Diskurs institutionell besiegelt, die Antrittsvorlesung gleicht einem Zeremoniell, das ihn als wichtigen Sprecher markiert. Die diskursive Macht, die er dadurch erlangt, ist jedoch zugleich der Gegenstand seiner Forschung. Foucault gerät in einen performativen Widerspruch: Er übt durch den Akt des Sprechens jene Macht aus, die zu enttarnen er antritt.

Seine Distanzierung von der eigenen Rolle ist ein rhetorischer Kniff, um dem Dilemma zu entkommen, in das ihn sein Forschungsfeld stürzt. Es offenbart sich in seiner ganzen Tragweite, wenn er einige Jahre später in »Der Wille zum Wissen« fragt: »Gibt es wirklich einen historischen Bruch zwischen dem Zeitalter der Repression und der kritischen Analyse der Repression?« Indem er diese Frage stellt, beteiligt er sich an der kritischen Analyse der Repression – woraus sich folgern ließe, dass auch seine eigene Analyse eine bloße Fortführung der Repression in neuem Gewand ist. Wenn jeder Diskurs der Ausübung von Macht dient, dann muss auch die Diskurskritik, die Foucault betreibt und die sich zweifellos zu einem eigenen Diskurs entwickelt, eine Form der Machtausübung darstellen. Der einzige Ausweg, um diese Macht auszuschlagen, hieße: schweigen. Das Entkommen aus der Logik der diskursiven Machttechniken wäre nur durch einen absoluten Stillstand der Debatte möglich.

Kritiker stören sich an diesen nihilistischen Aspekten von Foucaults Theorien und machen den Philosophen rückwirkend verantwortlich für all die Absurditäten, die seine woken Anhänger aus seiner Philosophie ableiten.[77] Diese geraten, indem sie seine Diskurskritik fortführen und dadurch selbst einen der mittlerweile wirkmächtigsten Diskurse weiterspinnen, in denselben performativen Widerspruch wie Foucault bei seiner Antrittsvorlesung: Indem sie sprechen, üben sie jene Macht aus, die sie eigentlich ablehnen. Das Dilemma hat sich durch den Siegeszug der poststrukturalistischen Philosophie noch verstärkt – stand Foucault 1970 noch ganz alleine vor einem vollen Hörsaal, wird seinen Anhängern heute die Deutungshoheit zugestanden. Sie sind darum, mehr noch als Foucault, gezwungen, Strategien der Distanzierung von der eigenen diskursiven Macht zu entwickeln.

Foucaults machtkritische Werke geben keine Antwort auf die praktische Frage, wie denn nun legitime diskursive Macht ausgeübt werden könne. Über Foucault kursiert die Anekdote, dass er in den Achtzigerjahren von einem Hörer nach der Anwendbarkeit seiner Forschung gefragt wurde und wütend aus dem Raum stürmte.[78] Gleichzeitig gilt auch für Foucault selbst: Es ist unmöglich, zu sprechen, ohne Macht auszuüben. Betrachtet man sein Werk, so ist es fast erstaunlich, wie entschlossen er sich, abseits seiner Rolle als Philosoph, für politische Anliegen einsetzte; wie entschieden er seine diskursive Macht nutzte. 1977 etwa unterzeichnete er gemeinsam mit führenden französischen Intellektuellen eine Petition[79], die dafür plädierte, »einvernehmliche« sexuelle Handlungen zwischen Erwachsenen und Kindern zu legalisieren. Foucault stützte mit seiner Unterschrift ausgerechnet jenes Narrativ – laut dem die kindliche Sexualität befreit werden müsse –, das er in »Der Wille zum Wissen« kritisiert hatte; er beteiligte sich am Diskurs über angemessene kindliche Sexualität, den er in seinem Buch als Herrschaftsinstrument entlarvt hatte.

Verantworten müssen sich nicht die Theorien, sondern die handelnden Subjekte. Der Blick auf Foucaults politischen Aktivismus zeigt, dass eine Lücke klafft zwischen den Ansprüchen seiner Theorie und der Realität. Er, der die Befreiung als Form der Machtausübung denunzieren will, führt selber Befreiungskämpfe. Er, der in jedem Sprechakt einen Machtanspruch erkennt, spricht unentwegt vor Publikum. Ist sein Buch »Der Wille zum Wissen« bei genauerer Betrachtung nicht auch ein Versuch, die Sexualität zu befreien – eben nicht zu befreien aus der Unterdrückung, sondern aus der vermeintlichen Befreiung? Spricht nicht auch Foucault mit dem Pathos einer »entschlossenen Überschreitung«, fühlt er nicht, wenn er über die Sexualität schreibt, jenen »Hauch von Revolte, vom Versprechen der Freiheit«, den er den sexuellen Befreiungskämpfern unterstellt? Profitiert nicht auch er vom »Gewinn des Sprechers«? Darin läge nichts Falsches: Macht zu wollen, Macht auszuüben, ist nicht verwerflich.

In Foucaults Philosophie jedoch bleibt eine positive Konnotation von Macht die große Leerstelle. Seine Analysen eignen sich hervorragend, um bestehende Machtverhältnisse bloßzulegen, sind aber ungeeignet, um aus ihnen legitimere Formen der Macht abzuleiten. Sie können als Anleitung dienen, um zu dekonstruieren, nicht jedoch, um zu konstruieren. Genau hier liegt ein Missverständnis der woken Rezeption von Foucault: Weil seine Anhänger kein positives Machtkonzept entwickelt, sondern bloß seine Machtkritik übernommen haben, müssen sie ihren Wunsch nach Macht verschleiern.

Foucaults einleitende Worte bei seiner Antrittsvorlesung sind deshalb so aussagekräftig, weil sie als Blaupause für die Gegenwart dienen: Er genießt seine diskursive Macht nicht öffentlich, sondern misstraut ihr. Sprechend weist Foucault seine Position als Sprecher zurück. Seine Adepten werden es ihm gleichtun. Unter den Anhängern postmoderner Theorien gehört es heute zum guten Ton, zu Beginn des Sprechens die eigene Sprecherposition zu kennzeichnen, gleichsam jene Deutungshoheit zu entschuldigen, die man in den darauffolgenden Sätzen für sich beansprucht. Was bei Foucault noch charmant wirkte, ist längst Teil der diskursiven Verwertungsstrategien geworden: Die ritualisierte performative Selbstreflexion belegt, dass der Sprecher sich den Regeln des Diskurses unterwirft.

Wie Foucault, der sich erst ziert und dann doch im Collège spricht, und das über 14 Jahre hinweg, haben auch seine heutigen Anhänger Techniken entwickelt, um sich formal von ihrer diskursiven Macht abzugrenzen. Sie ergreifen das Wort, um es zurückzuweisen. Sie üben Macht aus, indem sie sie verschleiern. Der nonbinäre Schriftsteller Kim de l'Horizon etwa, der 2022 für seinen Roman »Blutbuch« unter anderem den Deutschen und den Schweizer Buchpreis erhielt, ist laut der Vita seines Verlags »geboren 2666 auf Gethen«, heute studiere er »Hexerei bei Starhawk«.[80] Was rebellisch klingt, täuscht darüber hinweg, dass der Schriftsteller eine stromlinienförmige akademische Biografie vorweisen kann: Germanistik, Film- und Theaterwissenschaft in Zürich und Bern, literarisches Schreiben am Literaturinstitut Biel, schließlich Transdisziplinarität an der Zürcher Hochschule der Künste. Er war also mit dem nötigen kulturellen Kapital ausgestattet, um auf dem Buchmarkt reüssieren zu können – mit Kontakten, Abschlüssen und Referenzen, Kenntnissen der akademischen Talking points (»Blutbuch« ist mit Anspielungen auf die poststrukturalistische Philosophie gespickt). Weil die Kulturindustrie sich jedoch der Logik der Diskriminierungshypothese unterwirft und mit Begeisterung jene Insider fördert, die sich als Outsider ausgeben, streicht Kim de l'Horizon seine Andersartigkeit durch biografische Phantasmen heraus und kokettiert mit der massiven Diskriminierung, die er als nonbinäre Person erfahre: »Ich werde auch geschlagen und beschimpft für meine Weiblichkeit«, dies stelle eine Parallele dar zur Situation der Frauen im Iran.[81]

Er ist nicht der Einzige, der seinen Status permanent untergräbt, um ihn zu sichern. Die Künstlerin Anouk Lamm Anouk, ein Shootingstar der österreichischen Kunstszene, reklamiert für sich das Motto »no age no gender no origin« (»kein Alter kein Geschlecht keine Herkunft«) und bezeichnet sich ebenfalls als nonbinär. Auch sie schlug eine klassische akademische Laufbahn ein, studierte Kunst zunächst an der Universität der Künste in Berlin und später an der Wiener Akademie der Bildenden Künste. Mittlerweile lebt sie in einer 180 Quadratmeter großen Wohnung voller Designermöbel im Zentrum Wiens, die sie täglich auf Instagram präsentiert. Ihr Leben scheint einem ähnlich bürgerlich-angepassten Konzept zu folgen wie ihre Kunst, die häufig lesbischen Sex zeigt, so gefällig dargestellt, als entstammten die Motive einer softpornografischen Männerfantasie. Dank dem passenden Überbau lässt sich jedoch auch dieses Werk in ein Diskriminierungsnarrativ einbetten; laut ihrer Galerie thematisiere es die Emanzipation von gesellschaftlichem Schubladendenken und von erlernten patriarchalen Strukturen, ihre Kunst kämpfe für »lesbische Sichtbarkeit«.[82] Anouk Lamm Anouk, die bürgerlich aufwuchs und nach eigener Aussage sogar genderneutral erzogen wurde, klagt gerne über die heteronormative Gesellschaft und berichtet, sie habe ihre Jugend im »falschen Körper« nur dank eines »Überlebensmodus« durchgestanden.[83] Journalisten kaufen der Künstlerin die Rebellion bereitwillig ab und schreiben etwa, ihr »provokatives« Motto verneine »alle üblichen Identifikationspunkte«.[84]

Beide Künstler sind 1992 geboren und damit typische Vertreter der Generation Krokodilstränen. Sie müssen sich in einer Gesellschaft etablieren, die von Foucaults Ideen durchdrungen ist und gegenüber Stärke und Macht grundsätzlich Argwohn hegt. Den Beigeschmack des Korrupten verliert die Macht erst, wenn ihr Ohnmacht vorausgegangen ist. Darum legitimiert eine vorausgegangene Diskriminierung die diskursive Macht des Sprechers. Alles Mächtige muss sich verzwergen, alles Reife sich infantilisieren, Stärke darf nur aus Emanzipation erwachsen, jedes Talent muss im Widerstand gegen normative Zwänge geboren worden sein. In Bewerbungsgesprächen präsentieren Vertreter der Generation Krokodilstränen ihre Diskriminierungserfahrungen und Minderheitenzugehörigkeiten wie Schmisse, die ihren Lebenslauf aufwerten. Sie treffen auf Chefs, die als solche gar nicht zu erkennen sind, die ihre Macht weder in der Kleidung noch im Habitus zum Ausdruck bringen, als schämten sie sich dafür. Auch sprachlich schlägt sich diese Scham nieder. Niemand mit Ambitionen würde heute sagen: »Ich will Macht!« Stattdessen ist die Rede von »Ermächtigung« oder »Selbstermächtigung«, im

Englischen von »Empowerment«. Die Begriffe verdeutlichen, dass nur jene Macht legitim erscheint, die aus Ohnmacht hervorgegangen ist.

Welche Blüten diese Umkehrung treibt, zeigte sich im Frühjahr 2023 in Norwegen, als sich Klimaaktivisten dem Protest gegen Windparks anschlossen. Die Aktivisten kritisierten, dass die Windräder auf Weideland für Rentierherden der indigenen Sami-Bevölkerung errichtet worden waren. Die Minderheit, die lange Zeit unterdrückt worden war, werde durch die Windparks daran gehindert, ihre Tradition der Rentierzucht fortführen zu können. Auch die Schwedin Greta Thunberg, die mit ihren Schulstreiks die internationale Klimabewegung »Fridays for Future« begründete und sich sonst stets für den Ausbau der erneuerbaren Energien ausspricht, beteiligte sich an den Protesten in Norwegen. Der Kampf gegen den Klimawandel könne nicht »auf Kosten einiger Menschen gehen«, erklärte sie. Denn dann handle es sich nicht mehr um Klimagerechtigkeit.[85] Diese Argumentation scheint im Widerspruch zu stehen zu Thunbergs Eintreten für radikale Emissionsreduktion: Um das 1,5-Grad-Ziel überhaupt einhalten zu können, müssten Wind-, Wasserkraft und Solaranlagen so massiv ausgebaut werden, dass es »auf Kosten« vieler Menschen ginge. Allerorten richten sich in Europa Bürgerinitiativen gegen solche Ausbauprojekte. Als legitim erkennen Thunberg und ihre Mitstreiter Proteste aber nur dann an, wenn Menschen protestieren, die zuvor unterdrückt wurden. Eine Tradition erhalten zu wollen, ist in ihren Augen nur gerechtfertigt, wenn die Tradition diskriminiert wurde. Wer sich zum Beispiel für die Tradition des windradfreien Spaziergangs in der Natur einsetzt, dessen Widerstand gilt als reaktionär. Nur was bereits zerstört wurde, darf auf Erhalt pochen.

DISKRIMINIERUNG IST WAHRHEIT

Die Pointe der postmodern geprägten Gesellschaft liegt darin, dass im Diskurs jeder ständig durch einen Schwächeren geschlagen werden kann. Das ist das historisch Neue an der gegenwärtigen Dynamik der Macht. Entscheidend ist, dass es sich dabei um eine Performance von Schwäche handelt, keine tatsächliche Schwäche. Denn natürlich schließt der Diskurs noch immer viele aus. Doch anstatt ihnen den Blick zuzuwenden, beschäftigen sich die erfolgreichen Diskursteilnehmer lieber mit der eigenen angeblichen Verdrängung: Auf Bühnen und Podien, in Zeitungen und Sendungen beklagen die Sichtbaren ihre Unsichtbarkeit.

Was wir erleben, ist die Ausweitung der Diskriminierungshypothese auf alle gesellschaftlichen und politischen Bereiche. Wie bei der Sexualität, so gilt es auch hier, das Nebeneinander der Unterdrückung und ihrer diskursiven Instrumentalisierung anzuerkennen: Selbstverständlich ist Diskriminierung ein reales und wirkmächtiges Phänomen, das den Betroffenen schwere Wunden zufügt. Doch nicht jeder, der weint, ist ein Verwundeter – im Gegenteil: Die öffentlich geweinten Tränen sind immer öfter Krokodilstränen. Die Allgegenwart der Diskriminierungshypothese befeuert einen Wettbewerb des Klagens, der sich auch ökonomisch auszahlt. An den Universitäten werden stetig neue Jahrgänge in der Kunst der Krokodilstränen geschult. Hier hat der postmoderne Machtbegriff seinen Ursprung, doch er ist längst nicht mehr bloß ein Problem der kulturellen Eliten. Vielmehr werden in allen politischen Bereichen Entscheidungen getroffen, die dem Konzept »Macht durch Ohnmacht« folgen.

Wie aber lässt sich Ohnmacht in Macht verwandeln? Die Diskriminierung nimmt, als diskursives Element, heute in vielerlei Hinsicht jene Rolle ein, die in früheren Zeiten die Sexualität einnahm. Das Disziplinarsystem hat sich der Logik der Diskriminierung angepasst, seine Mechanismen auf sie abgestimmt. Die Diskriminierung dient als Projektionsfläche und ist der erfolgversprechendste Hebel der Diskursivierung. Wenn Foucault analysiert, wie im 19. Jahrhundert durch die wissenschaftliche Untersuchung des Sexes eine diskursive Wahrheit und damit Macht produziert wird, dann lässt sich dies auf die Gegenwart übertragen: Heute produziert die Untersuchung der Diskriminierung Wahrheit. Wie sie dies schafft, davon wird dieses Kapitel handeln.

Foucault erkennt fünf Verfahren, die für diese Wahrheitsproduktion entscheidend sind. Zunächst eine »Kodifizierung des ›Sprechen-Machens‹«: Die Geständnisprozedur wird »in ein Feld wissenschaftlich akzeptabler Beobachtungen« eingegliedert und mit einem »Komplex von Zeichen und entschlüsselbaren Symptomen« verbunden. Wie die Sexualität, so muss auch die Diskriminierung zum Sprechen gebracht werden, um sie diskursiv verwerten zu können, und zwar mittels Bekenntnissen, abgerungenen Geständnissen, Prüfungen, in denen der Geständige entschlüsselbare Zeichen und Codes verwendet. Zweitens erkennt Foucault das »Postulat einer allgemeinen und diffusen Kausalität«: Die Rechtfertigung für das nie endende Sprechen über den Sex liegt in der »unerschöpflichen und polymorphen Kausalmacht«, die ihm zugesprochen wird. Der Sex gilt als »Ursache von allem und jedem«, »es gibt kaum eine Krankheit oder physische Störung, für die das 19. Jahrhundert nicht eine zumindest teilweise sexuelle Ätiologie ersonnen hätte.« Heute ist die Diskriminierung »Ursache von allem und jedem«, mit einer unerschöpflichen und diffusen Kausalmacht ausgestattet. Drittens beobachtet Foucault das »Prinzip einer der Sexualität innewohnenden Latenz«: Der Sex muss enthüllt werden, »weil seine Kausalmacht zu einem Teil im Geheimen arbeitet«. Das Funktionieren des Sexes, so behauptet das 19. Jahrhundert, ist »dunkel«, das »Entschlüpfen« gehört zu seiner Natur, seine Mechanismen entziehen sich. Das Geständnis über den Sex – und auch hier gleicht es dem Geständnis über die Diskriminierung – erstreckt sich nicht auf das, »was das Subjekt verbergen möchte, sondern nur auf das, was ihm selbst verborgen ist und was nur in kleinen Schritten durch eine Geständnisarbeit [...] ans Licht gebracht werden kann«. Als viertes Verfahren beschreibt Foucault die »Methode der Interpretation«: Jener, der das Geständnis, die Prüfung, das Bekenntnis abnimmt, spielt eine wichtige Rolle bei der Produktion der Wahrheit. Er entziffert den Gehalt des Geständnisses und wird so zum »Herrn der Wahrheit«; indem er interpretiert und entschlüsselt, konstituiert er einen wissenschaftlichen Wahrheitsdiskurs. Auch die Untersuchung der Diskriminierung entfaltet ihre volle Wirkung erst durch die Methode der Interpretation. Fünftens sieht Foucault eine »Medizinisierung der Wirkungen des Geständnisses« am Werk: Die Sexualität wird nicht länger in moralische oder religiöse, sondern in medizinische Kategorien eingeteilt, statt der Sünde wird die Pathologie bekämpft.[86]

Dieser letzte Punkt soll im Folgenden ausgeklammert werden, weil die Pathologie als Kategorie, wie im vorausgegangenen Kapitel festgestellt, an Bedeutung verliert. Stattdessen wollen wir die vier anderen Verfahren nacheinander unter die Lupe nehmen: Wie wirken sie, um den Diskurs über Diskriminierung in ein Machtinstrument zu verwandeln?

CANCELN ALS KULTUR

Am 28. April 2023 betritt der Tübinger Oberbürgermeister und Grünen-Politiker Boris Palmer den Campus der Goethe-Universität in Frankfurt. Vor einem Gebäude mit der Inschrift »Normative Ordnungen« wartet eine Gruppe von Studenten auf ihn. Palmer ist der umstrittenste Teilnehmer einer Migrationskonferenz, die an diesem Tag an der Universität stattfinden soll und an »umstrittenen« Teilnehmern reich ist. Palmer hat zuvor mehrfach für Skandale gesorgt, weil er das Verhalten von Asylbewerbern kritisierte oder – wie zuletzt – das Wort »Neger« in zitierendem Kontext verwandte. Ein Video eines anwesenden Journalisten zeigt einen Ausschnitt des Aufeinandertreffens von Palmer und den Studenten.[87] Palmer antwortet den ihm entgegenbrüllenden Kritikern: »Ich sage ›Neger‹, weil –« Er unterbricht sich, als ein schwarzer Student ihm ein Mikrofon vor den Mund hält. Palmer sagt ins Mikrofon: »Ich sage ›Neger‹, weil –« Der Rest des Satzes ist unverständlich, da der Student das Mikrofon wieder wegzieht und die Menge im selben Moment zu johlen anfängt. »Da ham wir's doch!«, ruft ein Student freudig. »Und jetzt wisst ihr alles, oder?«, fragt Palmer. »Ich kann euch dazu auch eine Geschichte erzählen.« – »Nein«, rufen die Studenten und schreien, um seine Stimme zu übertönen. Sie stimmen einen »Nazis raus!«-Sprechchor an, Palmer beteiligt sich: »Ich will keine Nazis in diesem Land«, sagt er. »Dann tschüss!«, rufen die Studenten. Palmer wirft ihnen vor, einen Menschen anhand eines einzelnen Wortes zu beurteilen: »Das ist nichts anderes als ein Judenstern.« »Was? Hör auf!«, kreischen die Studenten hysterisch und beschuldigen ihn, den Holocaust zu relativieren. Nachdem sie ihn nochmals als Nazi bezeichnen, entfernt sich Palmer mit den Worten: »Wenn man ein falsches Wort sagt, ist man für euch ein Nazi. Denkt mal drüber nach.«

Das Video des Vorfalls verbreitete sich viral im Netz und hatte für Palmer schwerwiegende Konsequenzen. Der Präsident der Goethe-Universität schloss sich dem Vorwurf der Holocaustrelativierung an und forderte eine Entschuldigung von Palmer.[88] Mitglieder der Grünen kritisierten Palmer oder forderten seinen Ausschluss aus der Partei. Auch die Organisatorin der Konferenz, Susanne Schröter, sowie weitere Redner distanzierten sich von Palmers Aussagen. Dieser entschuldigte sich wenige Tage später, trat aus der grünen Partei aus (seine Mitgliedschaft hatte zuvor bereits geruht) und nahm sich eine Auszeit.[89]

Einige Beobachter werteten den Umgang mit Boris Palmer als Fall von Cancel Culture: als Versuch also, Palmer zum Verstummen zu bringen. Andere bestritten dies. Der *Spiegel* erläuterte in einem sogenannten Debatten-Check: »Es geht nicht um Cancel-

Kultur.« Palmer sei nicht das Wort verboten worden, auch wenn er sich durch die Proteste gebrandmarkt gefühlt habe: »Er tritt öffentlich auf, sagt das N-Wort mehrmals in die Mikros. Zensur sieht anders aus.«[90]

Diese beiden Argumentationsmuster sind bei nahezu jedem Vorfall dieser Art deckungsgleich. Wann immer ein umstrittener Podiumsgast ausgeladen, ein kontroverser Artikel von einer Website gelöscht, ein Prominenter zu einer Entschuldigung gezwungen wird, werten manche Beobachter dies als Beweis einer grassierenden Cancel Culture, die vom Mainstream abweichende Meinungsäußerungen zensiere. Die Gegenseite hält das Phänomen der Cancel Culture für inexistent: Vielmehr werde den vermeintlich Gecancelten erst recht eine Bühne geboten. Durch die Ausladungen, die häufig ein lautes Medienecho erzeugen, erlangten diese Personen mehr Bekanntheit als zuvor. Sie würden zu ihrem »Fall« interviewt, zu Veranstaltungen eingeladen, um Artikel gebeten, in denen sie ihre umstrittenen Positionen darlegen könnten. Statt sich über einen zensierenden Eingriff in die Meinungsfreiheit zu beschweren, sollten sich die angeblichen Opfer der Cancel Culture lieber über die Aufmerksamkeit freuen, die ihnen zuteilwerde.

Beide Positionen scheinen zunächst unvereinbar. Beide Seiten haben jedoch recht. Wirklich verstehen lässt sich das Phänomen der Cancel Culture erst, wenn man es weniger über die erste und dafür stärker über die zweite Worthälfte definiert, wenn man also die Cancel Culture als Kulturtechnik begreift. Wie im sexuellen Diskurs, so versteckt sich auch hier hinter der scheinbaren Unterdrückung eine Diskursivierung. Wäre Unterdrückung tatsächlich das primäre Ziel der politischen Korrektheit, dann hätten ihre Vertreter längst eine Kurskorrektur vornehmen müssen: Es wäre viel klüger, die unkorrekten Aussagen und umstrittenen Personen zu ignorieren, anstatt ihnen publikumswirksam die Plattformen zu entziehen und dadurch ihre Bekanntheit zu vergrößern. Das Ziel der Diskursivierung hingegen besteht darin, einzelne Aussagen für den Diskurs produktiv zu verwerten. Die Szene auf dem Frankfurter Campus verdeutlicht dies: Das Wort »Neger«, das angeblich so unfassbar verletzend ist, dass sein bloßer Klang völlig unabhängig vom Kontext Retraumatisierungen hervorruft, beschwören die Studenten überhaupt erst herauf. Sie halten Boris Palmer im entscheidenden Moment das Mikrofon hin, sodass das Wort umso lauter über den Platz schallt, und freuen sich, als er es sagt. Sie versuchen nicht, Palmer vollständig am Sprechen zu hindern, sondern wollen ihn auf eine kodifizierte Weise zum Sprechen bringen, die ihn von einem Subjekt in ein Objekt des Diskurses verwandelt. Indem sie seinen sprachlichen Regelbruch provozieren, markieren sie die Grenze des Erlaubten und untermauern ihre Macht.

Die Strategie ging auf. Statt über die Inhalte der Migrationskonferenz – die der AstA der Goethe-Universität bereits im Voraus als »rechtspopulistisch« kritisiert hatte[91] – wurde in den Medien hauptsächlich über das Verhalten von Boris Palmer diskutiert; die gesamte Konferenz konnte durch den Beweis seiner vermeintlich rassistischen Aussage verunglimpft und die kritische Debatte über Migration verhindert werden. Auch offensichtliche Anhaltspunkte, die für jedermann im Video zu erkennen waren, säten keinen Zweifel an der kollektiven Fiktion, dass Palmer sich rassistisch geäußert habe: So rissen die Studenten seine Aussage buchstäblich aus dem Kontext, indem sie ihm das Mikrofon wegrissen, und ließen ihm keine Gelegenheit, das Wort »Neger« als Zitat einzuordnen. Auch der Umstand, dass keiner der Studenten, nicht einmal der schwarze, nach dem Aussprechen des Wortes einen Zusammenbruch erlitt, entkräftete das Sprachverbot nicht. Zudem machten die Studenten sich, indem sie Palmer als »Nazi« bezeichneten, desselben Vergehens verdächtig, dessen sie Palmer bezichtigten: der Verharmlosung des Holocaust.

Dass diese offensichtlichen Widersprüche in der Debatte kaum oder gar nicht vorkamen, zeigt, wie erfolgreich die Studenten ihre diskursive Macht behaupteten. Das kritische Denken der Bobachter setzt in jenem Moment aus, in dem ein Subjekt vor aller Augen zum Objekt degradiert wird, zu einer Art Zirkuspferd, das am Halfter durch die Diskursmanege gezerrt wird: Seht her, ein Rassist! Das Objekt steht auf einer niederen Ebene, ein Austausch mit den Subjekten von gleich zu gleich ist nicht mehr möglich. Darum verbieten die Studenten Palmer den Mund, sobald er zu argumentieren versucht. *Der Spiegel* hat recht, Palmer sagt das »N–Wort« mehrmals, er wird nicht vollständig zensiert, aber: Die Studenten erlauben ihm kein anderes als dieses Wort. Sie sind, viel mehr als Palmer selbst, von diesem Wort besessen.

Der Vorfall illustriert ebenjene kodifizierte Prüfung, die Foucault in Bezug auf die Sexualität beobachtete. Die Studenten prüfen, ob Palmer das als gefährlich eingestufte Wort »Neger« oder seinen als zulässig eingestuften Ersatz »N-Wort« verwendet. Dieser Vorgang bringt Ordnung in das Sprechen über Diskriminierung und vervielfacht es zugleich. Der Kampf gegen Diskriminierung ist, wie der Kampf gegen sexuelle Unterdrückung, eine Obsession: Die Generation Krokodilstränen beschwört ihre Verletzungen mit einer solchen Leidenschaft herauf, dass man unmöglich annehmen kann, sie litte unter ihnen. Wer würde sein Leid derart perpetuieren? Sie bewirtschaftet das Feld der Cancel Culture produktiv, sie provoziert den Regelbruch, sie bewirkt eine diskursive Explosion um die Diskriminierung. Das Konzept »Macht durch Ohnmacht« begründet keine unterdrückende, sondern eine diskursivierende Macht. Diese Macht bringt zum Sprechen, was sie beherrschen will. Boris Palmer beschwerte sich bei den Studenten, weil sie einen Menschen anhand eines einzigen Wortes beurteilen würden. Die Studenten waren in Wahrheit noch raffinierter, denn ihr eigentliches Ziel war nicht die Person Palmer: Sie verhinderten die von der Konferenz angestrebte inhaltliche Debatte über Migrationspolitik, indem sie Palmer ein einziges Wort zitieren ließen.

DIE KAUSALMACHT DES NATIONALSOZIALISMUS

Unter allen Verbrechen in der Geschichte der Menschheit nimmt der Holocaust eine Sonderrolle ein. In Ermangelung geeigneter Wörter wird der industrialisierte Massenmord als »monströs« bezeichnet, als sei er von Monstern und nicht von Menschen begangen worden. Wissenschaftlich-distanziert klingt die Rede von der »Singularität des Holocaust«. Jeder Versuch, die millionenfachen Morde allein sprachlich zu erfassen, ist zum Scheitern verurteilt.

Seine historische Sonderrolle hat dem Holocaust eine zweite Bedeutung verliehen: Er ist zu einer Metapher für das ultimative Böse geworden. Als solche wurde der Holocaust in den vergangenen Jahrzehnten, vor allem aber in den letzten Jahren, aus dem historischen Kontext gelöst. Wenn der Holocaust heute als Metapher verwendet – oder eher: benutzt – wird, geht es längst nicht mehr um das historische Verbrechen, und schon gar nicht um dessen Opfer.

Mit Interesse am jüdischen Volk oder Sorge um sein Wohlergehen hat die obsessive Verwendung der Metapher nichts zu tun. Am 7. Oktober 2023 wurden jüdische Babys geköpft, jüdische Frauen vergewaltigt, bis ihr Becken brach, Juden erschossen, verbrannt, vor den Augen ihrer Familien gefoltert, ihre Leichen zerfetzt, bis zum Begraben nichts mehr übrig blieb. Jene, die den Holocaust als Metapher lieben, schenkten dem Pogrom der Hamas meist wenig Beachtung. Die Juden von heute eignen sich zur Instrumentalisierung nicht besonders gut, sie könnten schließlich widersprechen. Als Metapher funktionieren die Juden von gestern besser.

Noch besser als die Opfer von gestern funktionieren allerdings die Täter von gestern, die Nationalsozialisten. Die »Nazis« haben als diskursiver Referenzpunkt zuletzt eine steile Karriere hingelegt. Obsessiv werden sie von ihren Gegnern heraufbeschworen, allenthalben sind Nazijäger am Werk. Der Nationalsozialismus verleiht der Diskriminierung jene »unerschöpfliche Kausalmacht«, die das unendliche Sprechen über sie rechtfertigt. Er lädt die Diskriminierung mit einer Bedeutung auf, die sie zur »Ursache von allem und jedem« macht. Indem ein Phänomen, und sei es noch so winzig, mit der genozidalen Agenda des Nationalsozialismus assoziiert wird, wird es in ein Netz struktureller Zusammenhänge eingewoben. So erlangt die Diskriminierung ihre ebenso diffuse wie polymorphe Kausalmacht.

Um zu verstehen, wie aus performativer Schwäche Macht erwächst, ist es notwendig, auf diesen gemeinsamen Fixpunkt der Debatten zu blicken. Wer heute als »Nazi« bezeichnet wird, hat in der Regel keine Verbrechen begangen, die mit jenen der Nationalsozialisten vergleichbar wären, und vertritt in den meisten Fällen auch nicht deren Theorien. Die Bezeichnung »Nazi« ist keine schlüssige historische Analogie, sondern ein diskursives Werkzeug, um inhaltliche Debatten auf eine formale Ebene zu verschieben. Am Anfang aller Debatten steht heute die Frage: Wer sind die Nazis, und wo steht ein neuer Holocaust bevor? Dass diese Frage in ungeheuerlicher Weise die Verbrechen der Nationalsozialisten instrumentalisiert und verharmlost, gerät über die Allgegenwart der Frage in Vergessenheit. Je früher es innerhalb einer Debatte gelingt, die Frage zu beantworten, und je eindeutiger die Antwort ausfällt, umso einfacher kann die Debatte in die gewünschte Richtung gelenkt werden.

Die erste Debatte, in der sich die Kategorie des Nazis etablierte, war jene um Migration. Mitunter hat dies einen Realitätsbezug: Der Neonazismus verherrlicht die Ideologie der Nationalsozialisten, seine Anhänger diskriminieren im Namen dieser Ideologie Migranten, immer wieder kam es zu gewalttätigen Übergriffen und Morden. Mittlerweile, so illustrieren die Kontroversen um Palmer und viele ähnliche Fälle, erfährt der Nazivorwurf eine solche Expansion, dass sich der tatsächliche Bezug zum Nationalsozialismus meist verflüchtigt hat. Als Nazi darf heute bezeichnet werden, wer sich für die Einschränkung des

Asylrechts, eine Begrenzung der Migration, eine gezielte Steuerung der Einwanderung oder auch nur bessere Integrationsangebote einsetzt. Jegliche Kritik an der Migrationspolitik der Regierung kann also mit nationalsozialistischen Einstellungen gleichgesetzt werden. Das bedeutet nicht, dass dies in jedem Fall genau so geschieht. Es reicht jedoch, den Vorwurf als Drohung über der Debatte schweben zu lassen, um die Sprecher einzuschüchtern.

Im Umweltaktivismus ist man einen Schritt weiter: Der Vorwurf des Genozids hat bereits eine sprachliche Entsprechung im Wort »Ökozid« gefunden. Dieses stammt wie »Genozid« vom lateinischen »-cidere« für »töten« ab und bezeichnet eine schwere Schädigung der Umwelt, die ein Ökosystem dauerhaft zerstört.[92] Aktivisten setzen sich dafür ein, dass der Internationale Strafgerichtshof Ökozid als Straftatbestand ahndet, ähnlich wie Kriegsverbrechen, Verbrechen gegen die Menschlichkeit oder Völkermord.[93] Gruppierungen wie »Exctinction Rebellion« und die »Letzte Generation« fallen immer wieder mit der Gleichsetzung von Nationalsozialismus und Klimawandel auf. Der Mitgründer von Extinction Rebellion Roger Hallam, der auch Einfluss auf das Umfeld der »Letzten Generation« ausübte, sagte 2019, der Holocaust sei »nur ein weiterer Scheiß in der Menschheitsgeschichte«.[94] Ein Strafverteidiger von Carla Hinrichs, einer Sprecherin der »Letzten Generation«, nahm 2023 vor Gericht Bezug auf den NS-Staat und bezeichnete den Klimawandel als »noch viel größere Katastrophe, die auf uns zukommt«.[95]

Den Antirassisten wiederum gelingt es dank eines philosophischen Kunstgriffs, ihren Aktivismus in die Tradition des antifaschistischen Widerstands zu stellen.

Postkoloniale Historiker kritisieren das Holocaustgedenken der Deutschen: Deren Beziehung zum Holocaust erinnere an »Fetischismus«[96], der Historiker A. Dirk Moses spricht gar vom »Katechismus der Deutschen«[97]. Sie fordern, den Nationalsozialismus in Relation zu anderen imperialistischen und kolonialen

Verbrechen zu setzen. Dieser Vergleich müsse enttabuisiert werden. Zwar ist vergleichen nicht identisch mit gleichsetzen, allerdings läuft die Argumentation der Forscher am Ende fast immer auf Letzteres hinaus und richtet sich oft ausgerechnet gegen Israel. Der postkoloniale Historiker Achille Mbembe etwa unterstellt Israel, eine »schrittweise Vernichtung« der Palästinenser anzustreben.[98] Auch Moses nennt das Vorgehen Israels eine »Kolonisierung« palästinensischen Lands und verbreitete im Zusammenhang mit dem Krieg im Gaza-Streifen 2023 den Aufruf einer Nichtregierungsorganisation, die vor einem möglichen Genozid durch das israelische Militär warnte.[99] Die Philosophin Susan Neiman bezeichnete amerikanische Plantagen, auf denen Sklaven arbeiteten, als »Konzentrationslager«.[100] So versuchen die Verfechter des Vergleichs, von ebenjenem Status des Holocaust zu profitieren, den sie selbst als quasireligiös bezeichnen: Der Vergleich mit dem Holocaust soll den eigenen antirassistischen Aktivismus als Kampf gegen Nazis adeln.

Auch die kritische Auseinandersetzung mit dem Islam erfährt – mit wissenschaftlicher Unterstützung – eine Umdeutung, um in Verbindung mit dem Nationalsozialismus gebracht werden zu können. Wissenschaftler wie der Geschichtsprofessor Wolfgang Benz erforschen den sogenannten »antimuslimischen Rassismus« und ziehen historische Parallelen zur Verfolgung der Juden in den 1930er-Jahren. Führend auf dem Feld der Islamophobie-Forschung ist der österreichische Politologe Farid Hafez, dessen »Islamophobie-Report« Kritiker des Islams teils pauschal diffamierte.[101] Polizeiliche Ermittlungen gegen ihn bezeichnete er als »Kristallnacht in Österreich«.[102] Die Umdeutung von Religionskritik als Rassismus hat sich in Teilen der muslimischen Communitys mittlerweile etabliert und wird auch von islamischen Interessenverbänden eingesetzt.[103]

Besonders abenteuerlich argumentieren Transaktivisten, um sich als Opfer von Völkermord darzustellen: Die Diskriminierung stürze Transsexuelle in eine solche Verzweiflung, dass sie sich umbringen würden – weshalb dies als Genozid gewertet werden müsse. Diese Beweisführung hört sich zwar eher an wie ein durchgedrehter Exfreund, der droht, sich umzubringen, wenn man ihn verlässt. Aktivisten argumentieren jedoch schon länger so: 2018 erwog US-Präsident Donald Trump, das Geschlecht juristisch als Status zu definieren, der auf »unveränderlichen biologischen Merkmalen« beruhe und nur durch »zuverlässige genetische Beweise« angefochten werden könne. Eine Vertreterin der Organisation »Planned Parenthood«, vergleichbar mit »Pro Familia«, behauptete, eine solche Regelung führe zu einem Genozid.[104] Der Nachrichtensender ABC berichtete 2023 über die »Flucht« zweier Familien mit transsexuellen Kindern aus dem amerikanischen Bundesstaat Texas, der Hormonbehandlungen, Pubertätsblocker und chirurgische Eingriffe für unter 18-Jährige gesetzlich verboten hatte. Ein Elternteil bezeichnete die Atmosphäre als »genozidal«, was der Sender unwidersprochen stehenließ.[105] Auch in Deutschland erfährt die Warnung vor einem Trans-Genozid zunehmend Verbreitung.[106]

Eine besondere Stellung nahm die Debatte um die Coronapandemie ein: Hier wurde auf beiden Seiten der Nazivorwurf erhoben. Den Kritikern der Maßnahmen wurden teils pauschal antisemitische Motive unterstellt, die Proteste gegen die Maßnahmen als »rechts« markiert. Manche Maßnahmengegner bedienten sich jedoch ebenfalls historischer Analogien zum Nationalsozialismus, indem sie sich bei Demonstrationen Judensterne aufklebten. Der Ausschluss der Ungeimpften aus dem gesellschaftlichen Leben, so die Botschaft, käme der Verfolgung der Juden während der Nazizeit gleich. Dieses diskursive Durcheinander, das die eindeutige Identifikation der Nazis erschwerte, musste unterbunden werden. Es traf den Kolumnisten des *Tagesspiegels* Harald Martenstein. In einer Kolumne hatte er geschrieben, die Verwendung des Judensterns bei den Demonstrationen sei zwar anmaßend und verharmlosend, aber nicht antisemitisch, denn die Demonstranten identifizierten sich ja mit den verfolgten Juden.[107] Neun Tage später entfernte der *Tagesspiegel* die Kolumne von seiner Website. Die Chefredaktion schrieb in einer Stellungnahme, die Kolumne sei intern und von Lesern stark kritisiert worden und hätte nicht veröffentlicht werden sollen. Inhaltlich gingen die Autoren der Stellungnahme nicht auf Martensteins Text ein, verwiesen jedoch auf die journalistischen Standards der Zeitung; zu ihnen zähle auch die Vermeidung von Graubereichen, die zu Missverständnissen einlüden.[108] Martensteins Kolumne wurde also von einer inhaltlichen Ebene (sind seine Argumente schlüssig?) auf eine diskursiv-formale Ebene (ist die Kolumne tragbar?) verschoben. Das Signal war eindeutig: Wer bezweifelt, dass Coronademonstranten Nazis sind, wird sanktioniert.

Der Vorfall ist deshalb so aussagekräftig, weil er eine Asymmetrie illustriert. Während man in einem Fall als Holocaustverharmloser gilt, wenn man einen Nazivergleich zieht, gilt man im anderen Fall als Holocaustverharmloser, wenn man keinen Nazivergleich zieht. Dies verdeutlicht ein Gedankenspiel: Man stelle sich vor, Martenstein hätte Kolumnen geschrieben mit Titeln wie »Von einem Trans-Genozid zu sprechen, ist nicht antisemitisch« oder »Das Wort Ökozid verharmlost Genozide nicht« oder »Muslime dürfen sich die neuen Juden nennen«. Keiner dieser Titel, so ist anzunehmen, hätte ähnliche Reaktionen ausgelöst wie die tatsächlich geschriebene Kolumne, dabei wären sie einer analogen Argumentation gefolgt: Einer Gruppe wäre das Recht zugesprochen worden, einen Nazivergleich zu ziehen. Dieses Recht aber möchten linksliberale Kreise exklusiv für sich und die von ihnen präferierten Minderheiten pachten, um die führende Diskursmacht zu bleiben.

Damit eine Debatte innerhalb der gewünschten Bahnen verläuft, müssen die Nazis nicht nur rasch identifiziert, sondern auch etikettiert werden. Zu diesem Zweck werden zur Debatte passende Begriffe erfunden, die eindeutig jene Argumente oder Fragen markieren, die die Diskurswächter in Bedrängnis bringen könnten. Je früher diese Schmähwörter eingeführt werden, desto wirksamer wird kritisches Denken im Keim erstickt. Sie kleben quasi wie Etiketten auf Gefäßen, in die einzelne Gedanken einsortiert und so an der Verbreitung gehindert werden.

Bereits vor zehn Jahren wurden nach der russischen Annexion der ukrainischen Halbinsel Krim all jene als »Putinversteher« tituliert, die es wagten, die geopolitische Lage anders einzuschätzen als der Mainstream. Kritiker der Pandemiepolitik nutzten die Selbstbezeichnung »Querdenker«, die von der Gegenseite dankend als Schmähwort übernommen wurde. Beide Begriffe enthalten Verben, die eng an die Vernunftbegabung des Menschen gebunden sind. Eigenständiges Denken und der Versuch, die Gegenseite zu verstehen, sollen durch die Begriffe abgewertet werden. Der Transaktivismus hat für seine Gegner das Akronym TERF ersonnen, das für »Trans-Exclusionary Radical Feminist« steht und Feministinnen bezeichnet, die vor der Aushöhlung von Frauenrechten durch die Transideologie warnen.

Besonders wirksam sind Schmähwörter, die entweder direkt auf den Nationalsozialismus verweisen (wie »Nazi«) oder diesen Verweis indirekt anklingen lassen. Oft werden Diskursteilnehmer oder Argumentationsmuster als »rechts« eingestuft, was mittlerweile synonym zu »rechtsextrem« verwendet wird; die Analogie zum Nationalsozialismus ist also erkenntlich und erzielt eine Wirkung, auch wenn sie nicht offen ausgesprochen wird. Dies ist besonders in Situationen nützlich, in denen große diskursive Unordnung herrscht. Während der Pandemie war das Feld der Maßnahmenkritiker und Impfgegner unübersichtlich, diese entstammten linksalternativen, aber auch liberalen oder libertären sowie rechten Milieus. Darum kreierte man einen Begriff, der nur indirekt Assoziationen zum Nationalsozialismus weckt: Man sprach von »Coronaleugnern«, bezeichnete damit aber nicht bloß jene, die die Existenz des Virus bestritten, sondern auch alle, die dessen Gefahr als geringer einstuften oder die Schutzmaßnahmen für unangebracht hielten. Vorbild für diese

Strategie war die Debatte über den Klimawandel. Auch hier ist die Rede von »Klimawandelleugnern«, auch hier werden alle über einen Kamm geschoren, ganz gleich, ob sie das Phänomen bestreiten, an seinem Ausmaß und seinen Ursachen zweifeln oder nur an den gängigen politischen Antworten. In beiden Debatten wird die binäre Logik des »Leugnens« heraufbeschwören, die an den »Holocaustleugner« erinnert. Das öffentliche Anzweifeln des Holocaust ist in Deutschland zu Recht verboten – eben wegen der Singularität des Zivilisationsbruchs. Indem man dem Klimawandel und dem Coronavirus indirekt den diskursiven Status des Holocaust zubilligt, versucht man, wissenschaftlich kontrovers diskutierten Phänomenen der Gegenwart und Zukunft eine historische Faktizität beizumessen, die über jeden Zweifel erhaben ist.

Die diskursiven Gefäße müssen befüllt werden, auch wenn der Inhalt zu keinem der verfügbaren Etiketten passen will. Was als rechts gilt, hängt dabei von der Dynamik der jeweiligen Debatte ab und davon, welche Position verunglimpft werden soll. So werden radikale Abtreibungsgegner als rechts oder rechtskonservativ bezeichnet, weil sie Frauen das Recht verwehren wollen, über ihren eigenen Körper zu bestimmen. Impfgegner hingegen gelten als rechts, weil sie auf das Recht beharren, über ihren eigenen Körper zu bestimmen. Befürworter von Konversionstherapien gelten als rechts, weil sie homosexuelle Präferenzen durch medizinische Eingriffe heilen wollen. Geht es um geschlechtsumwandelnde Operationen, die als Therapie bei Genderdysphorie eingesetzt werden, gelten die Gegner der medizinischen Eingriffe als rechts. Wer die Ungleichbehandlung von Mann und Frau in der katholischen Kirche befürwortet, gilt als rechts. Wer die sehr viel ausgeprägtere Ungleichbehandlung von Mann und Frau im Islam kritisiert, gilt ebenso als rechts.

Indem die Diskurswächter jedes Thema mit ihrem Kampf »gegen Rechts« verflechten, statten sie den Nationalsozialismus mit einer diffusen und polymorphen Kausalmacht aus, die noch im hintersten Winkel aufgespürt werden muss. So forderte der Antisemitismusbeauftragte der Bundesregierung Felix Klein 2023, Konzerte der Band Rammstein abzusagen, nachdem Missbrauchsvorwürfe gegen deren Sänger Till Lindemann erhoben worden waren. Als Grund gab Klein an, dass »antidemokratische Diskriminierungen wie Antisemitismus, Frauenverachtung und Rassismus oftmals Hand in Hand« gingen.[109] Obwohl die Band sich weder antisemitisch noch rassistisch geäußert hatte, vermischte Klein die Vorwürfe miteinander und schürte einen diffusen Verdacht. Das Etikett »rechts« ermöglicht es, aus der Luft gegriffene Anschuldigungen zu erheben, indem einzelne Kategorien des Regelbruchs vermengt und eine vermeintliche kausale Verbindung zwischen ihnen hergestellt wird. Eine solche Vermengung kennzeichnet nicht nur den Feind, sie verbindet auch die jeweils erwünschten Positionen miteinander und kreiert einen einheitlichen Block des moralisch »Guten«, der im gemeinsamen Widerstand gegen Rechte vereint ist. Wer sich gegen Transphobie ausspricht, der muss auch gegen Rassismus einstehen. Wer »Klimawandelleugner« bekämpft, darf im Kampf gegen »Coronaleugner« nicht nachlässig sein – schließlich geht es im Kern um dasselbe Anliegen, die Bekämpfung von »rechtem« Gedankengut. Der Nazivorwurf dient also keineswegs nur der Verleumdung der Gegner: Er zeichnet die Nazijäger als Widerstandskämpfer aus und verhindert, dass sie ihre eigenen Positionen hinterfragen.

Die Generation Krokodilstränen hat verinnerlicht, dass der diskursive Erfolg nicht jenen zufällt, die die Verharmlosung und Instrumentalisierung des Holocaust verhindern, sondern jenen, die sich bei der Instrumentalisierung am geschicktesten anstellen. Dies führt zu grotesken Verzerrungen. So ging beispielsweise in der Debatte um die Äußerungen von Boris Palmer fast gänzlich unter, dass er Nachfahre jüdischer Holocaustüberlebender ist. Den Studenten war es offensichtlich gleichgültig, ob er es als retraumatisierend empfand, von einem wütenden Mob als

»Nazi« beschimpft zu werden. Gleichzeitig bestanden sie darauf, dass das Wort »Neger« für Schwarze ein retraumatisierender Trigger sei, obwohl Palmer es bloß zitierte und nicht als Beschimpfung verwandte. Wenn der Holocaust als Metapher eingesetzt wird, geschieht dies nicht mit dem Ziel, Juden zu schützen. Vielmehr ist der Nationalsozialismus eine Art metaphorische Schutzmacht all jener geworden, die Widerspruch im Keim ersticken und dies zugleich verschleiern wollen. Der Nazivergleich dient dazu, den eigenen Machtanspruch als Notwehr auszugeben. Er ist ein ideales Instrument für eine Generation, die keine positive Idee von Macht hat; die statt einem politischen Ziel einen negativen Referenzpunkt braucht: Gestalten heißt für sie verhindern.

LATENZ UND INTERPRETATION

Wir haben beobachtet, wie die Diskriminierung zum Sprechen gebracht wird. Wir haben festgestellt, dass Analogien zum Nationalsozialismus die Diskriminierung mit einer alles durchwirkenden Kausalmacht ausstatten. Schauen wir uns nun an, wie diese Macht zur Entfaltung gebracht wird. Hierbei werden das dritte und vierte der von Foucault beobachteten Verfahren wirksam: das Prinzip der Latenz und die Methode der Interpretation.

Im Zentrum der Repressionshypothese steht die Annahme, der Sex werde unterdrückt und müsse enthüllt werden: vor den anderen, aber auch vor uns selbst. Auf diese Weise, schreibt Foucault, ist der Sex »allmählich zum Gegenstand des großen Verdachts geworden; zum allgemeinen und beunruhigenden Sinn, welcher uns zum Trotz unser Verhalten und unsere Existenzen durchkreuzt; zum schwachen Punkt, von dem uns das Unheil droht; zum Stück Nacht, das jeder von uns in sich trägt.«[110] Die Aura des Dunklen umgibt auch die Diskriminierung. Auch sie wird Gegenstand eines großen Verdachts, auch sie scheint unser

Verhalten gegen unseren Willen zu steuern, wirkt im Unbewussten, muss enttarnt werden. Gerade weil die Diskriminierung struktureller Natur ist, können wir sie nicht erkennen. Deshalb sind wir auf die Hilfe derjenigen angewiesen, die die Zeichen zu deuten, den Code zu entschlüsseln wissen und dabei Wahrheit produzieren.

Das Prinzip der Latenz und die aus ihr resultierende Notwendigkeit der Interpretation verstärken die Macht der Diskriminierungshypothese. Sie schwächen das Vertrauen der Subjekte in sich selbst und die eigene Wahrnehmung und vereinfachen den normierenden Zugriff von außen. Die Latenz ermöglicht es, die Instrumente der Disziplinargewalt zu verfeinern und zu schärfen.

Eines der zentralen disziplinierenden Instrumente stellt der Vorwurf der Mikroaggression dar. Als Mikroaggression wird eine Aussage bezeichnet, die unterhalb der Grenze des Justiziablen liegt, aber absichtlich oder unabsichtlich diskriminierend ist und dadurch die angesprochene Person verletzt. So gilt etwa die Frage »Woher kommst du?« als unangebracht, weil sie Personen mit Migrationshintergrund auf ihre Herkunft reduziere.[111] Auch die Verwendung falscher Pronomen für Transpersonen oder die Nennung ihres vorherigen Geschlechts gelten als Mikroaggression.

Englischsprachige Universitäten veröffentlichen teilweise ausführliche Listen mit Beispielen. So ist laut der University of Minnesota bereits folgende Aussage gegenüber einem Schwarzen diskriminierend: »In dieser Gesellschaft kann jeder erfolgreich sein, wenn er hart genug arbeitet.« Es impliziere, dass Schwarze faul seien und härter arbeiten müssten. Auch ein Satz wie »Amerika ist ein Schmelztiegel« sei problematisch, weil er die Assimilation an die dominante Kultur einfordere.[112] Das Imperial College London warnt davor, Frauen im Alter von über dreißig Jahren auf den Ringfinger zu schauen, weil dies sie in traditionelle Geschlechterrollen dränge. Die Aussage »Die qualifizierteste Person sollte den Job bekommen« stellt laut der Universität ebenfalls eine Mikroaggression dar, denn sie negiere, dass Minderheiten auf dem Arbeitsmarkt diskriminiert würden.[113] In Deutschland ist der Begriff der Mikroaggression nicht ganz so verbreitet wie in der englischsprachigen Welt, aber nicht weniger wirkmächtig.

Erfunden wurde er 1970 vom in Harvard lehrenden Psychiater Chester M. Pierce. 2007 präzisierte der Psychologe Derald Wing Sue das Konzept, das in der Folge zunehmende Popularität erlangte. Kritiker monieren, dass es nicht validiert werden könne, weil gefühlte Verletzungen keine wissenschaftliche Größe seien. Das Wissenschaftsmagazin Spektrum umreißt die Kritik mit den Worten: »Das Konzept ist bis heute umstritten, die Folgen sind aber durchaus real.«[114] Rein logisch entspricht eine solche Aussage dem Satz: »Die Existenz von Ufos ist umstritten, aber die Fußspuren der Aliens haben mein Blumenbeet verwüstet.«

Es geht den Anhängern des Konzepts weniger um Logik oder Validität als um diskursive Macht. Die Idee der Mikroaggression bildet die Basis, um den Regeln der politischen Korrektheit Nachdruck zu verleihen. Ohne dieses Konzept im Hintergrund handelte es sich um reine Höflichkeitsregeln, sie zu verweigern gliche der Verweigerung, »bitte« und »danke« zu sagen. Erst der Vorwurf der Mikroaggression erlaubt es, jeden, der die Regeln bricht, als diskriminierend darzustellen. Das Konzept der Mikroaggression hebt also die Emotion auf die Ebene eines wissenschaftlichen Fakts und verleiht ihr auf diese Weise den Status eines Arguments.

In der Mikroaggression findet die Latenz ihre Entsprechung: eine diskriminierende Gewalt, die keine blauen Flecken hinterlässt – dafür aber Narben, die nur vom Betroffenen bezeugt werden können. Die Mikroaggression ist das Glied, das die allumfassende Kausalmacht der Diskriminierung in den Alltag einwebt und ihr verborgenes Wirken belegt. Der Nazivorwurf und die Mikroaggression bedingen sich dabei wechselseitig, indem sie das Monumentale mit dem Alltäglichen verschmelzen: Der

Nazivorwurf legitimiert den Sprecher und verunmöglicht den Widerspruch des Gegenübers, die Mikroaggression reduziert den Vorwurf auf eine alltagstaugliche Portionsgröße.

Ihr diskursives Potenzial entfaltet die Mikroaggression gerade dadurch, dass sie das Kleine, das Winzige, ja das nahezu Unsichtbare hervorhebt. Wer eine Mikroaggression beklagt, spielt »Ich sehe was, was du nicht siehst«. Um dieses Kinderspiel zu gewinnen, sucht man sich einen Gegenstand aus, der unmöglich zu finden ist – einen Buchstaben auf einem Buchrücken, den Radiergummi am Ende eines Bleistifts –, und hört den Mitspielern genüsslich beim zunehmend verzweifelten Raten zu. Die Mikroaggression funktioniert nach demselben Prinzip, auch hier geht es ums Gewinnen. Je kleiner der Vorfall ist, der als Mikroaggression gekennzeichnet wird, desto besser eignet er sich als Machtinstrument: Denn auch wenn das Gegenüber den Vorfall nicht wahrnimmt, keine Aggression erkennen kann, muss es ihre Existenz akzeptieren – ansonsten würde es sich als blind zu erkennen geben, blind für Diskriminierung. Das kann sich niemand leisten; wer Diskriminierung abstreitet, wird selbst auf der Seite der Diskriminierenden einsortiert (man denke an die Beispielsätze der Universitäten, laut denen es schon als diskriminierend gilt, wenn man das Leistungsprinzip befürwortet). Das Gegenüber soll also gezwungen werden, die eigene Sichtweise zu übernehmen.

Hami Nguyen etwa, eine deutsche Autorin mit vietnamesischen Wurzeln, kritisiert in ihrem Buch »Das Ende der Unsichtbarkeit«, dass antiasiatischer Rassismus in der Debatte ausgeklammert werde, weil asiatische Einwanderer als »Vorzeigeminderheit« gälten. Die gelungene Integration und die damit einhergehende Unauffälligkeit hätten den strukturellen Rassismus gegenüber Asiaten befördert.[115] Gerade die Unsichtbarkeit eines Phänomens wird hier zum ultimativen Nachweis seiner Existenz und zwingt die Umwelt dazu, es anzuerkennen.

Nur wer die Zeichen der Diskriminierung zu deuten versteht, wer die Codes entschlüsseln kann, ist »Herr der Wahrheit«. Die manifesten Formen der Aggression – Beleidigung, üble Nachrede, körperliche Gewalt – bedürfen keiner Interpretation. Die latente Aggression aber, die nur das feinste Sensorium erspüren kann, enttarnt all die Grobschlächtigen, die die Aggression übersehen haben und gut beraten sind, ihre Grobheit zu verheimlichen. Die Mikroaggression hat also eine diskursivierende Wirkung: Wer sie erkennt und zu interpretieren weiß, qualifiziert sich als legitimer Diskursteilnehmer. Gerade weil die Mikroaggression nicht objektiv gemessen werden kann, dient sie als Gradmesser der diskursiven Wahrheit. Latenz produziert Wahrheit.

Die latente Form der Diskriminierung eignet sich aus weiteren Gründen zur Diskursivierung viel besser als die manifeste Form. Sie schränkt die angeblich diskriminierte Person kaum ein und lässt sich darum endlos perpetuieren, ohne dass dies Schaden anrichten würde. Sie ermöglicht dem Sprecher, diskursiv von der beklagten Diskriminierung zu profitieren, ohne Sorge haben zu müssen, dass wirklich jemand unter ihr leidet, schließlich geht es um fast nichts. Der Verfechter der Diskriminierungshypothese hat ein Interesse daran, dass die repressive Macht einerseits harmlos ist (damit die Folgen der Repression ihn nicht einschränken) und dass sie andererseits beständig ist (damit er die Repression möglichst lange diskursiv nutzen kann). Ebendiese Mischung aus Harmlosigkeit und Beständigkeit stellt die Mikroaggression dar.

Die Mikroaggression folgt dem Konzept der Selbstverzwergung: Wer um das Winzige kämpft, so scheint es, der reißt die Macht nicht an sich, sondern befindet sich in der Defensive. Er fordert nicht, sondern bittet um Rücksicht. Der Kampf um das Kleine unterstreicht die eigene Ohnmacht. Gleichzeitig lässt er die Gegenseite potent erscheinen: Den mächtigen Unterdrückern können nur winzige Zugeständnisse abgerungen werden. Jede beobachtete Mikroaggression ist ein weiterer Beleg für die Existenz der strukturellen Diskriminierung. Je mehr Mikroaggressionen entdeckt werden, desto glaubwürdiger erscheint die Diskriminierungshypothese. In immer kleineren Einzelheiten offenbart sich die Diskriminierung; jeder gesammelte Beweis der Benachteiligung, jeder Beleg der eigenen vermeintlichen Ohnmacht zementiert die diskursive Macht.

Weil also einerseits die Kosten einer latenten Diskriminierung gering sind – sie richtet kaum Schaden an – und zugleich der Nutzen hoch, entsteht eine kompetitive Dynamik: Je verborgener eine Mikroaggression erscheint, je kleiner der diskriminierende Vorfall, desto größer fällt die diskursive Machtausbeute aus. Aus diesem Grund kommen in den letzten Jahren immer abstrusere Klagen über Diskriminierung auf wie etwa der Vorwurf der kulturellen Aneignung, der zur Ausladung von Gästen mit Dreadlocks führt oder zu Beschwerden über »unauthentisch« zubereitete exotische Gerichte.

Gerade die Irrationalität solcher Regeln dient dazu, das diskursive Machtgefüge aufrechtzuerhalten und nur einige wenige als Interpreten der Zeichen zu qualifizieren. Rationale Regelwerke könnten dazu führen, dass die Individuen deren Logik durchdringen und sich ihr anpassen würden. Wenn die gesamte Gesellschaft jegliche Mikroaggression vermeiden würde, könnte niemand mehr Diskriminierung beklagen. Oder, in Anlehnung an die Repressionshypothese: Nichts bedroht die Diskriminierungshypothese so sehr wie ihr eigener Erfolg. Aus diesem Grund müssen die Regeln permanent modifiziert werden. Solange sie unberechenbar sind, werden zuverlässig Regelbrecher fabriziert, die nicht auf dem neuesten Stand waren und versehentlich einen falschen Begriff verwendet haben. Niemand darf sich sicher fühlen, die Selbstkontrolle muss ständig aufrechterhalten werden. Erst wenn sogar der informierteste Sprecher stets eine leise Angst verspürt, aus Versehen bei einer Mikroaggression ertappt zu werden, wenn also die Latenz allgegenwärtig ist, ist der Machtapparat perfekt.

Diese stete Modifikation lässt sich etwa an den Solidaritätsflaggen für sexuelle Minderheiten ablesen. Die Regenbogenflagge ist längst veraltet, erst wurden braune Streifen ergänzt, die schwarze Menschen symbolisieren sollten, dann Streifen für Transsexuelle und schließlich Symbole für Intersexuelle. Auch die Abkürzung »LGBT«, die für Lesben, Schwule, Bisexuelle und Transpersonen steht, wurde im Laufe der Zeit erweitert um die Buchstaben »Q« (für »queer«), »I« (für »intersexuell«) und »A« (für »asexuell«). Der kanadische Premierminister Justin Trudeau schreckte nicht davor zurück, öffentlich von »2SLGBTQI+« zu sprechen und so auch die indigene Variante der Zweigeschlechtlichkeit (»2S« für »Two Spirit«) einzubeziehen.[116] Was sich anhört wie eine Geheimsprache von Grundschülern, ist ein Signal des Politikers, das seine Unterwerfung unter die neuesten Regeln belegt und zugleich seine eigene diskursive Überlegenheit jenen Unwissenden gegenüber verdeutlichen soll, die den Code nicht interpretieren können.

Während das Netz der Mikroaggressionen sich also immer weiter verästelt, die beanstandeten Vorfälle immer geringfügiger werden, verringert sich dadurch auch der Widerspruch der Gegenseite. Das Prinzip der Latenz diskreditiert den Widerstand gegen die Regeln. Einerseits erscheinen die Zugeständnisse, die zur Vermeidung von Diskriminierung gemacht werden sollen – zum Beispiel die weibliche Form mitzusprechen oder bestimmte verletzende Worte oder Fragen zu vermeiden – so gering, dass deren Ablehnung pedantisch wirkt. Nur ein Spießer störe sich an ein paar Gendersternen, behaupten die Diskurswächter und verwalten die korrekte Sprache derweil selbst wie Erbsenzähler. Gleichzeitig lassen die scheinbar winzigen Forderungen, deren Erfüllung zumindest für intelligente Menschen keine große Hürde darstellt, jeden Widerstand bösartig erscheinen. Wer sich solch minimalen Zugeständnissen verweigere, dem bereite es wohl Freude, Minderheiten zu diskriminieren. Das Prinzip der Latenz verstärkt also die totalitäre Wirkung der Diskriminierungshypothese: Wer Diskriminierung als konstituierendes Merkmal unserer Gesellschaft anerkennt, stimmt der Diskriminierungshypothese zu. Wer hingegen Diskriminierung als konstituierendes Merkmal unserer Gesellschaft bestreitet, stützt dadurch in den Augen der Woken die Diskriminierung und belegt die Diskriminierungshypothese ungewollt, gerade indem er ihr widerspricht.

Dieser Zirkelschluss führt dazu, dass die Verfechter der Diskriminierungshypothese sich stets bestätigt sehen: durch Zustimmung wie durch Ablehnung ihrer Thesen. Ihr geschlossenes Weltbild kann durch die Realität nicht erschüttert werden. Je weiter die Diskriminierungshypothese den Diskurs durchdringt, desto abgekoppelter erscheint dieser von realen Problemen.

DIE DELINQUENZ

Der öffentliche Diskurs verlief in den Augen vieler Beobachter in den vergangenen Jahren destruktiv. Statt zu einem Kompromiss zu führen, verhärten Debatten die Fronten, ohne dass eine Lösung für das Ausgangsproblem gefunden wird. Die einen empören sich über Gendersterne, die anderen über fehlende Gendersterne; über einzelne Wörter wie »Neger« und »Indianer« wird wochenlang gestritten wie in einer verkorksten Ehe; falsche Frisuren bringen einige zum Ausflippen, alle anderen bringt dieses Ausflippen zum Ausflippen; und sogar im Kochtopf wird nach kolonialen Strukturen gesucht. Die verzweifelte Klage über diese Dysfunktionalität des Diskurses ist mittlerweile integraler Bestandteil desselben. Was aber, wenn gerade der versagende Diskurs seinen Zweck erfüllt?

Wir haben betrachtet, wie die einzelnen Verfahren – die Diskursivierung, der Nationalsozialismus als Kausalmacht, das Prinzip der Latenz und die Methode der Interpretation – auf die Diskursteilnehmer normierend einwirken. Um jedoch zu verstehen, wie diese Verfahren eine politische Schlagkraft entwickeln, müssen wir den Blick zur rechtlichen Verankerung dieser Normen hinwenden. Denn solange es sich um eine rein gesellschaftlich-disziplinierende Macht handelte, könnte man ihr den Anstrich der Freiwilligkeit verpassen. »Niemand wird gezwungen, sich politisch korrekt zu verhalten«, behaupten die Verfechter der Regeln gerne. Welchen Platz aber nehmen die staatliche Macht und ihr Gewaltmonopol in diesem Gefüge ein?

Sehen wir uns hierfür den letzten Teil von »Überwachen und Strafen« an. Nachdem Foucault geschildert hat, wie die Institutionen der Disziplin unterworfen wurden, wie die Kontroll- und Sanktionsmethoden sich von der Justiz auf die Bildung, die Medizin, das Militär verschoben, wendet er seinen Blick zurück zum Justizapparat: Wie hat er sich verändert, seitdem seine Instrumente sich weit verstreut haben?

Entscheidend ist für Foucault die Entstehung des modernen Gefängnisses, die er, zumindest in Frankreich, im frühen 19. Jahrhundert verortet. Sehr bald, schreibt Foucault, habe sich das Gefängnis als »große Niederlage der Strafjustiz« erwiesen: Es trug nicht zur Verminderung der Kriminalität bei und förderte gleichzeitig den Rückfall unter den Entlassenen. »Das Gefängnis kann gar nicht anders, als Delinquenten zu fabrizieren.« Kritik am Gefängnis kommt schon ab 1820 auf, »in Formulierungen, die heute fast unverändert wiederholt werden.« Die eine Seite klagt, »daß das Gefängnis nicht genug bessernd wirke«, die andere, »daß es vor lauter Bessernwollen seine Bestrafungsgewalt verliere«. Die Bemühungen, das Gefängnis zu reformieren, entwickeln sich über die Jahre zu einem festen Bestandteil des Haftsystems: Das Gefängnis werde »als sein eigenes Heilmittel verschrieben und angewandt; die Wiederbelebung der Strafvollzugstechniken als einziges Mittel, um deren unaufhörlichen Mißerfolg zu überwinden«.[117] Und dennoch, schreibt Foucault, verfehle gerade das anscheinend »versagende« Gefängnis keineswegs seinen Zweck. »Der Erfolg des Gefängnisses ist so überwältigend, daß es nach anderthalb Jahrhunderten von ›Mißerfolgen‹ noch immer existiert, daß es immer noch dieselben Wirkungen hervorruft und daß man die größten Skrupel hat, darauf zu verzichten.«

Wie aber erfüllt das Gefängnis seinen Zweck? Indem es unter allen Formen der Gesetzwidrigkeiten eine hervorhebt: die Delinquenz. Sie ist »nicht unbedingt die intensivste und schädlichste Form der Gesetzeswidrigkeit«, sie ist »eher ein Effekt des Strafsystems [...] und trägt zur Differenzierung, Ordnung und Kontrolle der Gesetzeswidrigkeiten bei«. Während der rechtliche Gegensatz die gesetzesmäßige von der gesetzwidrigen Praxis scheide, so stellt Foucault fest, ziehe der strategische Gegensatz seine Grenze zwischen den Gesetzwidrigkeiten und der Delinquenz.[118] Die Abscheidung der Delinquenz von anderen Formen der Gesetzeswidrigkeit ist also von strategischer Bedeutung. Ihren Ursprung hat sie laut Foucault in den politischen Konflikten, die Frankreich in den Jahren zwischen der Französischen Revolution und der Februarrevolution 1848 aufrüttelten. Auf einmal drohte die Gefahr einer »neuen volkstümlichen Gesetzeswidrigkeit«, mit der »zugleich das Gesetz und die gesetzgebende Klasse« angegriffen werden sollte. Immer öfter zeichneten sich im Widerstand gegen das Gesetz politische Kämpfe ab: in der Verweigerung von Steuern oder der Wehrpflicht, der Plünderung von Lagerhäusern, dem Ausrufen von Streiks, der Gründung von Arbeitervereinen, der Landstreicherei, der Maschinenstürmerei. Politische und soziale Kämpfe verknüpfen sich mit diesen kleinen, aber für die herrschende Klasse umso bedrohlicheren Rechtsbrüchen. Darum wird die Furcht vor »einer insgesamt aufrührerischen Plebs« geschürt, der »Mythos von der barbarischen, unmoralischen und gesetzlosen Klasse« begründet. Dieser Klasse entspringen die Delinquenten.[119]

Foucault bezeichnet die Delinquenz als eine »nützliche« Gesetzwidrigkeit. Sie lässt sich kontrollieren, »indem die Individuen markiert, die Gruppen unterwandert und das Denunziantentum organisiert werden«. Die Delinquenz vereinfachte die Bekämpfung der Kriminalität, weil sie sich auf die Kontrolle einzelner Individuen fokussierte: Parteien wurden unterwandert, ehemalige Delinquenten bespitzelten ganze Milieus, Polizisten kontrollierten Prostituierte.[120] Die Überwachung erscheint als adäquates Mittel, um die Delinquenten einzuhegen. Doch die Delinquenz ist noch in anderer Hinsicht nützlich, denn die Haftstrafe unterliegt dem »Prinzip der Besserung«: Der Gefängnisaufenthalt soll das Verhalten des Delinquenten verändern und ihn erziehen. So bildet die Delinquenz ein »politisches Observatorium«: »Über die Kontrolle der Delinquenten läßt sich das gesamte gesellschaftliche Feld kontrollieren.«[121]

Die Delinquenz ist für Foucault also nicht bloß ein kriminalistisches Phänomen, sie ist vielmehr – und hier schließt sich der Kreis zu den Diskursen von heute – ein Mittel zum Zweck der gesellschaftlichen Kontrolle. Denn die Wirkungen des Gefängnisses verteilen sich über die gesamte Gesellschaft. Der Übergang zur Sanktionsgewalt der öffentlichen Institutionen ist fließend, deren Regime von Kontrolle und Disziplin unterliegt denselben Grundsätzen. Foucault spricht von einem »verallgemeinerten Kerkersystem, das in die Tiefe des Gesellschaftskörpers hineinwirkt und die Kunst des Besserns ständig mit dem Recht zum Strafen vermengt«.[122] Dieses »Kerkerarchipel« verteilt die Normenkontrolle auf unterschiedliche institutionelle Träger: Schulen, Spitäler, öffentliche Verwaltungen, private Unternehmen – allenthalben sind »Spezialisten im Kampf gegen die Disziplinlosigkeit« am Werk, die die Einhaltung der Norm überwachen und die Nichteinhaltung sanktionieren. Foucault bezeichnet dies als »außergerichtliche Einkerkerung«, die zwar nach dem Ende des Ancien Régime gesetzlich verboten, aber in Wirklichkeit nie aufgegeben worden sei. Dieses System überträgt die Vollzugstechnik »vom Justizapparat auf den gesamten Gesellschaftskörper« und »installiert eine allmähliche, stetige und kaum wahrnehmbare Abstufung, in der man gleichsam auf natürlichem Wege von jedweder Verhaltensstörung zum Rechtsbruch und umgekehrt von der Übertretung des Gesetzes zur

Abweichung von einer Regel, […] einer Norm übergeht«. Die »gemeinsame Bedeutung« all der großen und kleinen Sanktionen ist »nicht mehr die Schuld und auch nicht mehr die Verletzung eines allgemeinen Interesses, sondern die Abweichung und die Anomalie«.[123]

Um zu verstehen, wie die unterschiedlichen institutionellen Ebenen und die gesetzlichen Vorschriften heute ineinandergreifen, um Normen zu kontrollieren und durchzusetzen, werden wir uns zwei Debatten eingehender ansehen: jene um Transsexualität und jene um die Coronapolitik.

SELBSTBESTIMMUNG IM KERKERARCHIPEL

Im November 2024 soll nach dem Willen der deutschen Bundesregierung das »Selbstbestimmungsgesetz« in Kraft treten. Es legt fest, dass der Geschlechtseintrag und der Vorname durch eine einfache Erklärung gegenüber dem Standesamt geändert werden können. Zuvor mussten Betroffene zwei Gutachten von Sachverständigen einholen, anschließend entschied ein Gericht über den Antrag. Nach der neuen Gesetzgebung soll nach einem Jahr eine erneute Änderungserklärung abgegeben werden können, das Geschlecht kann also theoretisch mehrfach gewechselt werden. Die Neuregelung sieht zudem vor, dass Minderjährige ab 14 Jahren mit Zustimmung der Eltern ebenfalls durch einen Sprechakt ihr Geschlecht wechseln können. Stimmen die Sorgeberechtigten nicht zu, wird deren Zustimmung durch ein Familiengericht »ersetzt«, sofern es dem Kindeswohl nicht widerspricht. Bei Kindern unter 14 Jahren müssen die Sorgeberechtigten selbst die Erklärung abgeben.

Das geplante Selbstbestimmungsgesetz enthält allerdings auch Instrumente zur Sanktionierung: So untersagt das darin enthaltene Offenbarungsverbot, die Änderung des Geschlechtseintrags auszuforschen oder zu offenbaren, wenn dies ohne Zustimmung der betroffenen Person geschieht. Wer das frühere Geschlecht oder den alten Vornamen nennt und die betroffene Person dadurch absichtlich oder fahrlässig schädigt, muss mit einer Geldbuße von bis zu 10 000 Euro rechnen. Das Gesetz verbietet also zutreffende faktische Äußerungen über die Vergangenheit einer Person. Wir haben es hier mit einem Straftatbestand zu tun, der Parallelen zur von Foucault beschriebenen Delinquenz aufweist: Die Offenbarung des ehemaligen Geschlechts stellt erstens »nicht unbedingt die intensivste und schädlichste Form der Gesetzeswidrigkeit« dar. Grobe Beleidigungen oder Verbrechen wären intensiver und schädlicher als das Aussprechen der Wahrheit. Das Offenbarungsverbot zieht zweitens keine genuin rechtliche Grenze zwischen gesetzmäßig und gesetzwidrig, sondern scheidet in strategischer Absicht die Delinquenz von den anderen Gesetzeswidrigkeiten ab. Es handelt sich um eine Ordnungswidrigkeit, die es ermöglicht, unangepasste Individuen zu markieren und das Denunziantentum zu organisieren. Sie hilft dabei, das »gesamte gesellschaftliche Feld« zu kontrollieren.

Das Offenbarungsverbot entspricht allen der in den vorangegangenen Passagen beschriebenen Verfahren: Es verbietet keine Handlung, sondern einen Sprechakt, nimmt also eine Diskursivierung vor. Es verbietet nicht das offensichtlich Verletzende, sondern das Aussprechen einer faktischen Tatsache, das als diskriminierend gewertet wird: Einerseits wird die Diskriminierung dadurch mit einer Kausalmacht ausgestattet, die so allumfassend ist, dass sie sogar wahre Aussagen durchzieht und deren Verbot notwendig macht. Andererseits wird die Latenz der Diskriminierung untermauert; der Gesetzgeber muss einschreiten, um die Zeichen der Diskriminierung als solche zu interpretieren und dem Volk zu vermitteln. Das Offenbarungsverbot bildet als Delinquenz die oberste Stufe jener allmählichen, stetigen und kaum wahrnehmbaren Abstufung, die die gesellschaftlichen Institutionen durchwirkt und die diskursiven Regeln festlegt.

Einige dieser Institutionen sind dem Staat unterstellt. Der Verfassungsschutz widmete der »Homophobie und Queerfeindlichkeit« 2022 in seinem jährlichen Bericht ein eigenes Unterkapitel. Darin heißt es, die rechtsextremistische Szene agitiere gegen »eine vermeintliche LGBTQ-Propaganda, die angeblich insbesondere durch die Politik sowie öffentlich-rechtliche Medien Verbreitung finde.« Zudem werde das öffentliche Engagement von Unternehmen für die LGBTQ-Bewegung »als Handeln aus rein wirtschaftlichem Interesse abgetan«.[124] Die Wachsamkeit des Verfassungsschutzes ist demnach bereits geboten, wenn jemand Unternehmen unterstellt, aus rein wirtschaftlichem Interesse zu handeln. Auch auf seiner Website klärt der Verfassungsschutz über Queerfeindlichkeit auf und führt Beispiele dieser Gesinnung an. Er zitiert aus einem Flugblatt der neonazistischen Partei »Der III. Weg«: »In der Schule, im Kindergarten, an der Universität, im Fernsehen, in der Zeitung. Überall soll uns eingeredet werden, dass Homosexualität etwas Natürliches sei, das es zu fördern gilt. Doch nicht nur Homosexualität, sondern auch noch ganz andere Abstrusitäten sollen uns schmackhaft gemacht werden.« Problematisch ist laut der Website auch ein »rechtsextremistischer Influencer und Neonazi«. Dieser kommentierte, anlässlich des im Zeichen der Diversität stehenden »Pride Month«, das Bild einer brennenden Regenbogenfahne mit den Worten: »Endlich werden die marginalisierten Alphabet-Leute für einen Monat wieder sichtbar gemacht, bis es dann die restlichen 11 Monate auch nur darum geht, diese sichtbar zu machen.«[125] Selbst die stichhaltigeren Vorwürfe des Verfassungsschutzes erwecken den Eindruck, dass schlicht missliebige Meinungen geahndet werden sollen. So heißt es im Bericht, Rechtsextreme nähmen Homosexualität als »unnatürlich« wahr und warnten vor einem drohenden »Volkstod«, weil nur in heterosexuellen Beziehungen Kinder entstünden. Auch beleidigende Äußerungen über Homosexuelle im Kontext des Affenpockenausbruchs listet der Bericht. Die Autoren schreiben, »verschiedene rechtsextremistische Akteure« hätten auf eine Verbreitung der Erkrankung insbesondere bei Homosexuellen hingewiesen. Ob sie zu diesen rechtsextremistischen Akteuren auch das Robert-Koch-Institut, das Bundesgesundheitsministerium und die Weltgesundheitsorganisation zählen? Alle drei hatten 2022 die Häufung der Krankheitsfälle bei Männern hervorgehoben, die Sex mit Männern hatten.[126] In der Broschüre »Rechtsextremismus: Symbole, Zeichen und verbotene Organisationen« wiederum warnt der Verfassungsschutz vor dem Internet-Meme »Pepe the Frog«.[127] Die gezeichnete Darstellung eines Froschs mit Clownsnase und regenbogenfarbener Perücke transportiere rassistische und transphobe Inhalte und impliziere, dass die »demokratische und pluralistische Gesellschaft [...] nur noch mit zynischem Humor zu ertragen sei«. – Nun ja.

Wenn Zynismus ein Fall für den Verfassungsschutz ist, haben wir es nicht mehr mit dem Schutz vor Verfassungsbruch, sondern mit der Jagd auf Delinquenz zu tun. Wir erleben die von Foucault beschriebene »außergerichtliche Einkerkerung«, die zwischen der Übertretung des Gesetzes und der Abweichung von der Norm kaum noch einen Unterschied macht. Verfassungsgefährdend ist, was gegen die Norm verstößt. Abweichungen von der Norm werden markiert, die Norm selbst wird immer wieder ins Gedächtnis gerufen. 2022 genehmigte das Bundesinnenministerium die Beflaggung öffentlicher Gebäude mit der Regenbogenflagge, um ein »Zeichen für die Akzeptanz und den Schutz sexueller und geschlechtlicher Vielfalt« zu setzen.[128] Im selben Jahr hisste das Bundesfamilienministerium die detailreichere Progess Flag, um »ein Zeichen besonderer Solidarität auch mit allen Trans- und Inter-Personen« zu setzen.[129] Wichtiger als das für staatliche Institutionen geltende Neutralitätsgebot ist den Ministerien offenbar die eigene Außenwirkung: Ihr unermüdliches Zeichensetzen soll die omnipräsente Kausalmacht der Diskriminierung beweisen und die Beteiligung am Befreiungskampf dokumentieren.

Ähnlich normierend wirken die sprachlichen Leitfäden, die Universitäten und Verwaltungen veröffentlichen. Laut einer Recherche der *Frankfurter Allgemeinen Zeitung* aus dem Jahr 2022 wurden an mindestens 15 deutschen Hochschulen die Studenten aufgefordert, Gendersprache zu verwenden; teilweise unter Androhung von Punktabzug.[130] Deutlich wird der diskursive Impetus derartiger Sprachregeln auf der Website der Stadt Bonn. Dort wird die Oberbürgermeisterin Katja Dörner mit der statistisch gewagten Aussage zitiert: »Manche Menschen ordnen sich dem weiblichen oder männlichen Geschlecht zu, manche nicht.« Darum schreibt die Stadt ihren Mitarbeitern verbindliche Regeln für die interne und externe Kommunikation vor. Sie sollen grundsätzlich auf geschlechtsneutrale Bezeichnungen zurückgreifen. Aus »keiner« wird laut dem städtischen Leitfaden »niemand«, aus »man« wird »wir«, aus »Fahrzeughalter« eine »fahrzeughaltende Person«. Generös gibt sich die Stadt bezüglich der Formulierungen »Sehr geehrte Damen und Herren« und »Liebe Bürgerinnen und Bürger«, sie werden »weiter zugelassen«. Welches Ziel dieses sprachliche Mikromanagement verfolgt, offenbart ein Zitat der Journalistin und Schriftstellerin Angela Carter, das im Leitfaden abgedruckt ist: »Die Grenzen der Sprache sind die Grenzen der Gedanken.«[131] Wer die Sprache einschränkt, so lässt sich daraus ableiten, setzt dem Denken Grenzen. Der maximale Machtanspruch – jener auf die Freiheit der Gedanken – tarnt sich als Schutz vor Ausgrenzung.

In der Debatte um Gendersprache wird häufig darauf verwiesen, dass das Mitsprechen der weiblichen Form oder die Verwendung von Gendersternen freiwillig erfolgen. Das stimmt, und dennoch werden hier gesellschaftliche Zwänge wirksam, die die Wahlfreiheit trüben. Die Verwendung der Gendersprache geschieht so freiwillig, wie sie innerhalb eines auf freiwillige Unterwerfung ausgerichteten Systems eben geschehen kann. Die Spezialisten im Kampf gegen die Disziplinlosigkeit schlafen nie. Auf allen Ebenen wird die Kunst des Besserns mit dem Recht zum Strafen vermengt. Die Strafe besteht nur in seltenen Fällen in einer Geldbuße oder einer Erwähnung im Verfassungsschutzbericht; meist werden, um die Ausgrenzung vermeintlich Diskriminierter zu verhindern, die Regelbrecher ausgegrenzt.

Es gibt noch viele weitere staatlich geförderte Initiativen und Projekte, Institutionen und Vereine im Gefüge des Kerkerarchipels. Im pflichtbeitragsfinanzierten öffentlich-rechtlichen Rundfunk wird die Bevölkerung teils mit Gendersprache zugetextet. Die jungen Zuschauer werden durch das Jugendprogramm *Funk* im Transjargon geschult, die Generation über 60 lernt nachmittags in der Serie »Rote Rosen«, dass man Typen, die keine Lust auf eine Freundin mit Penis haben, gleich vergessen kann. Aber wechseln wir das Thema, bevor der Verfassungsschutz unserer Agitation gegen die öffentlich-rechtliche LGBTQ-Propaganda auf die Schliche kommt …

Blicken wir stattdessen auf eine Institution, die den Eindruck eines disziplinierenden Pendants zum Verfassungsschutz erweckt: die Meldestelle. Auf regionaler Ebene existieren zahlreiche solcher Anlaufstellen für Opfer von Diskriminierung.[132] Im Rahmen seines Förderprogramms »Demokratie leben« finanziert der Bund etwa eine länderübergreifende Meldestelle für »antifeministische Vorfälle«, die von der Amadeu-Antonio-Stiftung 2023 in Betrieb genommen wurde. Dort können anonyme Personen neben strafrechtlich relevanten Vorfällen auch solche melden, die unterhalb der Strafbarkeitsgrenze liegen. Die Stiftung nennt Beispiele für derartige Vorfälle: »Eine Demonstration/Kundgebung/Veranstaltung mit antifeministischen Inhalten oder bekannten Antifeminist*innen findet statt«; »die Arbeit einer Gleichstellungsbeauftragten wird angegriffen«; »Sticker/Flyer mit antifeministischen Inhalten zirkulieren, z. B. Mobilisierung gegen die ›Genderideologie‹ u. Ä.«; »in Internetforen werden antifeministische Sprüche ausgetauscht«; »organisierte Kampagnen gegen geschlechtergerechte Sprache«.[133] Unter »Antifeminismus« versteht die Stiftung »gesellschaftliche, politische, religiöse und akademische Strömungen und Akteur*innen«, die sich »organisiert gegen Feminismus und geschlechtliche Emanzipationsbewegungen« wendeten.[134] Gleichzeitig sei Antifeminismus »keine Meinung für oder gegen ›den Feminismus‹«. Es handle sich um eine »antidemokratische Ideologie, die oft als Brücke zu anderen demokratiefeindlichen Ideologien wie Rassismus, Antisemitismus oder Rechtsextremismus dient.«[135] Die Kausalmacht des Nationalsozialismus wird auch hier angedeutet; ebenso wie die Latenz, aufgrund derer die Bedrohung nur erkannt werden kann, wenn man die Zeichen richtig entschlüsselt: Antifeministische Positionen übten eine »Scharnierfunktion bis weit in konservative oder bürgerliche Kreise hinein« aus.[136] Die Stiftung plant, eine Chronik der gemeldeten Vorfälle im Netz zu publizieren, weist aber darauf hin, keine Klarnamen preisgeben zu wollen. Allenfalls öffentlich getätigte Aussagen könnten mit Namen in Lageberichte einfließen. Es handle sich also nicht um Denunziation.[137]

Unterschlagen wird hier, dass bei der Stelle eben doch Einzelpersonen denunziert werden können; bloß nicht öffentlich. Die gewünschte Wirkung erzielt die Meldestelle jedoch auch so: Sie markiert den Regelbruch. Gerade weil sie keine rechtliche, sondern eine strategische Grenze zieht und unliebsame Meinungen als antidemokratisch verunglimpft, stigmatisiert sie nicht den Rechtsbruch, sondern die Abweichung von der Norm. Laut Judith Rahner, der Initiatorin der Meldestelle, soll die Sammlung antifeministischer Vorfälle in die Schulung von Justiz- und Strafverfolgungsbehörden einfließen.[138] Das Kerkerarchipel wäre damit perfekt: Sogar in der Justiz regierte nicht mehr das Gesetz, sondern die Disziplin.

Umgekehrt regiert die Justiz dort, wo sie keine rechtliche Gültigkeit hat. Dies zeigte sich im November 2023 bei der Debatte um das Selbstbestimmungsgesetz im Bundestag. Die AfD-Abgeordnete Beatrix von Storch erhielt von der Bundestagsvizepräsidentin Petra Pau (Linkspartei) zwei Ordnungsrufe, weil von

Storch die grüne Bundestagsabgeordnete Tessa Ganserer als Mann bezeichnet und beim Vornamen Markus genannt hatte. Ganserer lebt als Frau, war zu diesem Zeitpunkt jedoch juristisch wie biologisch ein Mann. Pau nahm mit ihrer Sanktion ein Gesetz vorweg, das der Bundestag noch gar nicht beschlossen hatte. Dass sie dadurch als Vizepräsidentin des Parlaments dessen Entscheidung quasi überflüssig machte, störte sie offenbar nicht; im Gegenteil: Wo Norm und Gesetz verschmelzen, ist es gleichgültig, ob Letzteres schon verabschiedet wurde. Der innere Zwang der Norm wirkt ohnehin zuverlässiger als der äußere Zwang des Gesetzes.

Foucault schreibt über die Wechselwirkungen zwischen der Delinquenz und den sanktionierenden Institutionen: »Das Kerkernetz verknüpft die beiden langen und vielfältigen Stränge des Strafsystems und des Anormalen.« Die bedeutsamste Wirkung aber, die die Kombination von Justiz und Disziplin erziele, bestehe darin, dass sie »die Strafgewalt zu etwas Natürlichem und Rechtmäßigem« mache. Das Modell der Justiz überträgt sich auf die Institutionen; die disziplinierenden Regeln wirken nicht willkürlich, »wo sie doch nur die Mechanismen der Justiz ins Spiel bringen und womöglich abschwächen«. Und gleichzeitig gewinnt die Strafgewalt durch die »sorgfältige Abstufung der Disziplinarapparate« an Legitimation, weil sie »nicht die Entfesselung einer ganz anderen Gewalt« darstellt, »sondern eben einen zusätzlichen Intensitätsgrad innerhalb eines Mechanismus, der von der ersten Sanktion an in Betrieb war«.[139] Anders gesagt: Wer sollte es der Justiz verübeln, das Aussprechen der Wahrheit zu verbieten, wenn auch der öffentlich-rechtliche Rundfunk davor warnt, das frühere Geschlecht von Transpersonen zu nennen?

DIE FORMALISIERENDE DISKURSDEMOKRATIE

Wie weit die diskursive Macht des Besserns und Strafens reicht, zeigte sich in keiner Debatte so eindrücklich wie in jener um die Coronapolitik. Das Erstaunliche war, dass es gelang, eine Deutungshoheit zu etablieren, die von der Realität teilweise vollkommen abgekoppelt war und gleichzeitig das private wie das politische Feld vollständig unterwarf. Die Pandemie bewies wie wahrscheinlich kein zweites Ereignis, dass den Verfechtern der Diskriminierungshypothese das Phänomen der Diskriminierung vollkommen gleichgültig ist, ja, dass sie es sogar gutheißen, wenn es ihren politischen Zielen dient. Sie unterstützten, dass der Staat Ungeimpfte per Gesetz diskriminierte und ihre Freiheitsrechte einschränkte. Während der Pandemie gelang es den Verfechtern der Diskriminierungshypothese, diese Hypothese einzusetzen, um die tatsächlich Diskriminierten als eine repressive Macht darzustellen.

Foucault hielt die Delinquenz, wie bereits erwähnt, für ein politisches Instrument, mit dessen Hilfe der »Mythos von der barbarischen, unmoralischen und gesetzlosen Klasse« begründet werden sollte. Auch heute üben derartige Feindbilder eine stabilisierende Wirkung auf die Machtverhältnisse aus, weil sie es ermöglichen, Kritik an der Regierungspolitik zu verunglimpfen. Noch immer dient die Delinquenz dazu, ein Milieu zu kreieren, dem die Vertrauenswürdigkeit abgesprochen werden kann.[140] Zu Beginn der Coronapandemie wandelte sich das Feindbild mehrmals. Als der Ausbruch des Virus sich noch auf China konzentrierte, wurden die sogenannten Panikmacher verspottet, die Lockdowns in Europa befürchteten. Als erste Fälle in Deutschland auftraten, wurden »Hamsterkäufer« lächerlich gemacht, die sich für den Ernstfall mit Lebensmitteln eindeckten. Als das Virus schließlich in Europa voll ausgebrochen war, galten Kritiker der Pandemiepolitik als »Coronaleugner«, »Schwurbler«, »Maßnahmengegner«, »Querdenker« oder »Impfgegner«. Diese

Feindbilder hielten sich am hartnäckigsten, weil sie nicht nur durch die Mittel der Disziplin am Leben gehalten, sondern durch die Verfolgung der Delinquenz untermauert wurden: Zahlreiche Verordnungen sollten das Verhalten der Bevölkerung steuern und die Verbreitung des Virus verhindern; Zuwiderhandlungen wurden als Ordnungswidrigkeiten geahndet. Für alle Lebensbereiche wurden detaillierte Regeln erlassen. Mancherorts war es zwischenzeitlich verboten, allein auf einer Parkbank ein Buch zu lesen. Als eine Impfung zur Verfügung stand, galten für Geimpfte und Ungeimpfte unterschiedliche Beschränkungen.

Exemplarisch sei ein Servicestück des *WDR* aus dem Dezember 2021 erwähnt, in dem die Autoren erklären, wie das Weihnachtsfest mit einem ungeimpften Familienmitglied aussehen könne: »Drei erwachsene Geschwister, die alle verheiratet sind und Kinder haben, wollen sich an den Feiertagen mit ihren Eltern treffen.« Wenn alle über 16 Jahren geimpft seien, entstünde kein Problem. »Ist aber nur eine Person über 16 Jahre nicht geimpft, muss die Familie sich entscheiden. Wollen alle gemeinsam ohne die ungeimpfte Person feiern? […] Oder treffen sich womöglich zwei Familienmitglieder aus einem Haushalt mit der Familie des oder der Ungeimpften, während der Rest der Familie gemeinsam feiert.« Rat holt der *WDR* bei einem Sozialpsychologen ein: Bei Familienmitgliedern, die sich aus medizinischen Gründen oder noch nicht hätten impfen lassen, reiche ein Coronatest vor dem Fest aus. Trotz der Regeln sei es in einem solchen Fall »sicher vertretbar«, gemeinsam zu feiern. Anderes gelte für Familienmitglieder, »die sich aus Überzeugung nicht impfen ließen, vielleicht sogar Anhänger von Verschwörungsmythen seien«. Hier rät der Sozialpsychologe dazu, durch Gespräche ein »Umdenken herbeizuführen«. Wenn das nicht funktioniere, müsse man »klare Kante zeigen und ohne diese Personen feiern«.[141]

Eine unerwünschte politische Ansicht würde nach dieser Logik zu einem erhöhten Übertragungsrisiko des Virus führen. Der Text des *WDR* macht deutlich, wie Diskurs und Realität während der Pandemie zu einer Einheit verschmolzen: Ein Subjekt, das eine Gefahr für die Diskurshoheit darstellte, galt zugleich als Gesundheitsgefahr. Umgekehrt wurde das medizinische Instrument der Impfung zu einem diskursiven Lackmustest des Subjekts; der korrekte Impfstatus befähigte zur Teilnahme am seriösen Diskurs.

Obwohl die Absurdität vieler Regeln, je länger diese galten, umso offensichtlicher wurde, führte das in weiten Teilen der öffentlichen Debatte nicht zu Misstrauen gegenüber den Regelwerken, sondern gegenüber den Regelbrechern. Wer die offiziellen Verlautbarungen der Regierung anzweifelte, galt als Verschwörungstheoretiker – ganz unabhängig davon, ob er das Wort »Verschwörung« jemals in den Mund genommen hatte. Auch der Abgleich mit der Realität änderte daran nichts: Einige der als »Verschwörungstheorie« markierten Prognosen stellten sich im Nachhinein als zutreffend oder zumindest als vertretbare Hypothesen heraus. Ob es um die Einführung von Lockdowns ging; die geplante Impfpflicht; um die Laborthese, laut der SARS-CoV-2 einem chinesischen Labor entsprang; um Nebenwirkungen der Impfungen oder um dem mangelnden Übertragungsschutz trotz Impfung: Die Frage, ob man für eine bestimmte Aussage diskursiv sanktioniert wurde, hing nicht vom Inhalt ab, sondern ausschließlich vom Zeitpunkt der Äußerung; davon, ob der Mainstream am selben diskursiven Punkt angekommen war oder nicht. Je kürzer die Halbwertszeit der einzelnen Wahrheiten war, desto entschlossener wurde an ihnen festgehalten.

Diese Entschlossenheit speiste sich aus der Angst vor dem Abstieg in niedere diskursive Klassen. Niemand will dem Milieu der Delinquenten zugerechnet werden, als Abweichler gelten. Der weiter oben erwähnte Fall des Kolumnisten Harald Martenstein, dessen Text über Judensterne auf Coronademonstrationen von der Website entfernt, steht sinnbildlich für diese Angst: Die Nazis, das müssen immer und um jeden Preis die anderen sein. Solange der Gegner ein Nazi ist – im Fall der Pandemie ein ungeimpfter »Verschwörungstheoretiker« –, darf man ihn nach Belieben diskriminieren. In einer Gesellschaft, die dem Konzept »Macht durch Ohnmacht« folgt, hat die Deutungsmacht nur derjenige inne, der sich als Widerstandskämpfer gegen die Übermacht inszeniert.

Um die Diskurshoheit in der Rückschau und angesichts offensichtlicher Widersprüche in der Pandemiepolitik zu behalten, wird das Milieu der Delinquenz auch nachträglich aufrechterhalten. Dies führte der Journalist Thilo Mischke in einer Kolumne vor, die er kurz nach dem antisemitischen Massaker der Hamas im Oktober 2023 verfasste. Antisemitismus sei auch ein deutsches Problem, schrieb Mischke und erinnerte an Demonstrationen gegen Coronamaßnahmen mit 50 000 Teilnehmern, in deren »vom Hass dumm gewordenen Gesichtern« auch Judenhass zu erkennen gewesen sei. »Der Terror der Hamas ist keine Eskalationsstufe, nein, es ist einfach nur eine andere Ausdrucksform.« Jeder, der an »diesen unsäglichen Demonstrationen« teilgenommen habe, mache sich »mitschuldig«.[142] Mischke versuchte hier, Maßnahmenkritiker im Nachhinein mit Gewaltverbrechen in eine kausale Verbindung zu setzen, ohne irgendeine Art von Beleg anzuführen. Ähnlich ging zwei Wochen später die Journalistin Özlem Topçu vor, als sie die antisemitischen muslimischen Demonstranten auf deutschen Straßen auf eine Ebene stellte mit »Bürgerinnen und Bürgern«, die glaubten, »ihr Land sei eine Diktatur – weil sie in einer Pandemie eine Maske tragen sollen«.[143]

Die Pandemie illustriert Foucaults Beobachtung, nach der die gemeinsame Bedeutung der kleinen Unregelmäßigkeit und des äußersten Verbrechens »nicht mehr die Schuld und auch nicht mehr die Verletzung eines allgemeinen Interesses, sondern die Abweichung und die Anomalie« sei.[144] Wer lesend auf einer Parkbank saß, machte sich ebenso wenig schuldig wie jemand, der die Impfung verweigerte oder gegen Maßnahmen demonstrierte; keiner von ihnen schadete einem allgemeinen Interesse.

Gerade dieses Ausbleiben schwerwiegender Folgen jedoch machte die Abweichler zu einer diskursiven Gefahr. Es offenbarte, dass viele der pandemischen Maßnahmen und Regeln das Infektionsgeschehen überhaupt nicht eindämmten. Indem man die Abweichler ächtete oder durch Geldbußen sanktionierte, markierte man den Zweifel an sich als unseriös.

Wenn aber Politik nicht mehr am allgemeinen Interesse gemessen wird, sondern nur noch an den Regeln des Diskurses, verliert sie ihren Bezug zur Realität. In der Pandemie zeigte sich, wie sehr sich unsere Demokratie in etwas verwandelt hat, das man als »formalisierende Diskursdemokratie« bezeichnen könnte: eine Demokratie, deren Diskurs kaum mehr den inhaltlichen Austausch und die anschließende Kompromissfindung ermöglicht; deren Diskurs unaufhörlich um die formale Frage kreist, welche Teilnehmer zu eben diesem Diskurs zugelassen werden.

Eine solche Demokratie versagt bei der Problemlösung. Foucault schreibt über die Delinquenz, dass sie es gestatte, die anderen Formen der Gesetzwidrigkeit »zu übersehen oder zu tolerieren«.[145] Wir erleben dies in nahezu allen Debatten: Vom Wesentlichen wird abgelenkt, Probleme werden toleriert oder absichtlich übersehen, inhaltliche Diskussionen verunmöglicht und durch formale Fragen verdrängt. Die Debatte um Migration fokussierte sich über Jahre hinweg auf die Frage, welche Wortwahl erlaubt sei (»Ausländer«? »Asyltourismus«? »Flüchtling« oder besser »Flüchtender«?), sodass wirkliche Probleme nicht einmal angesprochen werden durften, etwa die Ausbeutung der Sozialsysteme durch Einwanderer oder die patriarchalen Strukturen ihrer Herkunftsländer. In der Debatte um Transsexualität geht es um Pronomen und Vornamen; dass für Frauen die Biologie in vielerlei Hinsicht maßgebend ist und sie schutzbedürftig macht, wird als reaktionäre Ansicht abgestempelt. Die Diffamierung abweichender Meinungen während der Coronapandemie verhinderte eine Abwägung von Nutzen und Schaden einzelner Maßnahmen, von der die Bevölkerung gesundheitlich mehr profitiert hätte als von Polizisten, die jugendlichen Regelbrechern im Stadtpark nachjagten. Und um noch einmal auf Israel zurückzukommen, das von der permanenten Jagd auf Nazis doch eigentlich am meisten profitieren müsste: Das Land hat spätestens in den Wochen nach dem 7. Oktober 2023, als die internationale Unterstützung für den Militäreinsatz gegen die Hamas schnell bröckelte, erfahren müssen, dass die woken Aktivisten verletzten Gefühlen einen höheren Realitätsgrad beimessen als verletzten Körpern – erst recht, wenn es die Körper von Juden sind.

Das Prinzip »Macht durch Ohnmacht« hat die Krokodilstränen zu einem der mächtigsten politischen Instrumente werden lassen. Nicht nur die junge Generation wendet es an, auch Ältere haben sich die Strategien der taktischen Selbstverzwergung abgeschaut und nutzen die Diskriminierungshypothese als argumentative Waffe. Unter den Jungen aber ist diese Form der Politisierung am verbreitetsten. Sie werden die kommenden Jahrzehnte politisch prägen. Ihr Machtbegriff höhlt den Westen von innen aus, weil er dysfunktionale Diskurse produziert. Er gefährdet den Westen aber auch von außen. Denn außerhalb des Westens zählt Stärke. Das Prinzip »Macht durch Ohnmacht« ist ausgerichtet auf eine Klasse, die diskursives Kapital erwirtschaftet, kein industrielles. Auf eine Klasse, die diskursive Auseinandersetzungen gewinnen muss, keine militärischen. Stolz auf Schwäche zu sein, leistet sich eine Gesellschaft nur am Gipfel: Es ist das erste Anzeichen ihres Niedergangs.

KAPITEL IV

DIE VERLEUGNUNG DES PHYSISCHEN

STERBEN UND GEBÄREN

Am 24. Februar 2022 marschierten russische Truppen in die Ukraine ein. Unter den vielen Implikationen dieses Krieges interessieren uns zwei, die einen Einschnitt im Selbstverständnis des Westens darstellen und eines Tages einen Epochenbruch markieren könnten, das Ende einer intellektuellen Ordnung, in der das Symbolische höheren Realitätsgehalt hatte als das Physische.

Nach dem russischen Angriff fürchtete der Westen erstmals seit dem Ende des Kalten Krieges ernsthaft, Ziel eines atomaren Angriffs zu werden. In den vorausgegangenen Jahrzehnten hatten Rüstungskontrolle und Abrüstung als Ideale gegolten, auch wenn die Verlängerung der entsprechenden Abkommen sich zunehmend schwierig gestaltet hatte. Die Drohung des amerikanischen Präsidenten Donald Trump, der 2018 den nordkoreanischen Diktator Kim Jong-un warnte, sein Atomknopf sei »viel größer und mächtiger« als der von Kim, ließ sich noch als Säbelrasseln ohne Substanz abtun. Die Atombombe, so schien es, würde auf derselben Müllhalde der Geschichte verrotten wie die toxische Männlichkeit. Nach dem Ausbruch des Krieges auf europäischem Boden änderte sich der Tenor im Westen: Auf einmal entdeckten auch Politiker links der Mitte das defensive Potenzial von Waffen. Sogar Deutschland, das aufgrund seiner

Geschichte ein schwieriges Verhältnis zu seinem Militär hat, beschloss, in die Verteidigungsfähigkeit zu investieren; Bundeskanzler Olaf Scholz sprach von einer »Zeitenwende«.

Der zweite Einschnitt bestand darin, dass die Ukraine nach dem Angriff eine allgemeine Mobilmachung anordnete und dabei zwischen den Geschlechtern unterschied: Frauen durften das Land verlassen, Männer wurden an der Flucht gehindert und zum Kriegsdienst verpflichtet. Die Gründe dieser Einteilung liegen auf der Hand: Männer sind kräftiger als Frauen, können also schwerer heben, schneller laufen, leichter einen Gegner überwältigen oder sich gegen Überwältigung wehren; sie haben im Durchschnitt ein höheres Aggressionspotenzial; sie können sich dank ihrer körperlichen Kraft besser vor einer Vergewaltigung schützen als Frauen; sie sind nicht regelmäßig durch die Periode geschwächt. Natürlich können auch Frauen hervorragende Dienste im Militär leisten. Wenn sich aber zugleich jemand um die Kinder kümmern muss und man vor der Wahl steht, entweder die Mütter oder die Väter einzuziehen, ist die Regierung gezwungen, sich für letztere zu entscheiden – schon, um der gegnerischen Armee nicht zu unterliegen.

Natürlich fanden sich in Deutschland Vertreter der Generation Krokodilstränen, die diese Einteilung anhand der Geschlechter kritisierten. In der *Frankfurter Allgemeinen Zeitung* wertete die Journalistin Othmara Glas es als misogyn, dass der Schriftsteller Leon de Winter in einer Rede in Bezug auf die Ukraine gesagt hatte, Männer könnten schwere Waffen besser tragen, weil sie mehr Kraft im Oberkörper hätten.[146] Ihre Kollegin Juliane Frisse beklagte in der *Zeit*, dass die »Vorstellung des wehrhaften Mannes, der als Soldat sein Land verteidigt«, aus einer »völkischen Ecke« stamme. Es gebe »keine gute Begründung« dafür, nur Männer zum Kriegsdienst zu verpflichten: »Klar, Männer sind im Schnitt körperlich stärker als Frauen, aber dieser Unterschied ist beim Wrestling oder beim Tragen von Umzugskartons relevant. Während eines Bombenangriffs oder wenn ein Panzer heranrollt, ist er komplett bedeutungslos.«[147] Wer das existenzielle Drama eines Umzugs überstanden hat, kennt sich offenbar auch im Schützengraben aus.

Nach Jahren, in denen der Westen sich in metaphysischer Dekonstruktion verausgabt hatte, nagelte die physische Bedrohung des Ukraine-Krieges den westlichen Menschen quasi ans Kreuz und stellte ihn als leibliches Wesen bloß. Zwar war der Westen auch in den Jahren vor dem russischen Angriff mit Problemen konfrontiert gewesen, die existenzielle Ängste geweckt hatten, etwa mit dem Klimawandel oder der Coronapandemie. Diesen aber ließ sich scheinbar mit Disziplin und Verzicht entgegenwirken, mit defensiven Verhaltensweisen also. Der Krieg hingegen stellte erstmals seit Langem ein existenzielles Ereignis dar, bei dem die Gefahr nicht von einer abstrakten Quelle, sondern von Menschen ausging, und der darum nur offensiv begegnet werden konnte. In der Welt des Diskurses kann Schwäche Stärke sein. In der physischen Welt zählt einzig die Stärke.

Die Bedrohung, die von der Atombombe ausgeht, ist dabei jener nicht unähnlich, die für eine Frau von einem männlichen Körper ausgeht: Gleich einem atomar verstrahlten Gebiet voll leer stehender Häuser kann eine Vergewaltigung den Körper der Frau als einen unbewohnbaren Ort zurücklassen. Die Urangst der Frau – zu existieren, aber ausgelöscht zu sein – ähnelt der Angst, die uns die Atombombe einflößt. Eine Frau wird darum im hintersten Winkel ihres Bewusstseins immer die Bedrohung mitbedenken, die von einem Mann und insbesondere von einem Fremden für sie ausgeht: Anders als Männer, die sich mit dem biologischen Geschlecht ihres Gegenübers nicht zwangsläufig befassen müssen, werden Frauen stets versuchen, dieses herauszufinden (auch wenn sie es verschleiern müssen, weil es gegen die Regeln der politischen Korrektheit verstößt, das Gegenüber ungefragt in Geschlechterkategorien einzuteilen). Das biologische Geschlecht prägt die Kommunikation also auch im Verborgenen; ebenso wie die Existenz von Atombomben das gesamte geopolitische Gefüge auch dann ordnet, wenn keiner über diese Waffen spricht.

Zugleich aber kann vom Mann aufgrund seiner körperlichen Überlegenheit eine schützende Kraft ausgehen. Fürchtet eine Frau sich vor Übergriffen in der Dunkelheit, dann wirkt ein Mann an ihrer Seite abschreckend auf potenzielle Täter. Der männliche Körper symbolisiert im Alltag eine ähnliche physische Überlegenheit wie die Atombombe auf geopolitischer Ebene. Sie eint, dass es gerade ihre potenziell zerstörerische Kraft ist, die ihnen eine abschreckende und damit stabilisierende Wirkung verleiht. Beide können also ausgerechnet durch die Möglichkeit zur Eskalation der Gewalt zur Deeskalation beitragen. Das Verhältnis der Frau zum männlichen Körper ist darum von einer ähnlichen Ambivalenz geprägt wie das Verhältnis des Westens zu Atombomben. Die eigene Sicherheit beruht auf der Gewissheit, dass physische Gewalt eingesetzt werden kann, ohne dass diese tatsächlich eingesetzt werden muss.

Es ist kein Zufall, dass wir zu jenem Zeitpunkt die Bedeutung des anatomischen Geschlechts zu verdrängen begannen, als durch das Ende des Kalten Krieges auch die atomare Bedrohung aus unserem Leben zu verschwinden schien. Diesen Verdrängungsprozess zu verstehen, ist entscheidend, um die gegenwärtigen Probleme des Westens einordnen zu können, die aus seiner eigenen Handlungsunfähigkeit resultieren. Im Jahr 1990 erschien Judith Butlers Buch »Das Unbehagen der Geschlechter«, das bis heute als eine Art Bibel der Gender Studies gilt. Oft wird behauptet, Butler habe jene feministische Strömung begründet, die das anatomische Geschlecht vom sozialen Gender trennen wollte, doch diese Einordnung ist unzutreffend. Die Trennung von Anatomie und sozialer Rolle fand im Feminismus schon früher statt; Simone de Beauvoir schrieb 1949 in »Das andere Geschlecht«: »Man kommt nicht als Frau zur Welt, man wird es.« Die Gesellschaft, so ihre Annahme, prägt durch ihre Erwartungen dem weiblichen Wesen jene Eigenschaften erst auf, die sie dann als natürliche Merkmale einer Frau ausgibt.

Butler teilt de Beauvoirs Ansicht, dass die Geschlechtsidentität auch aus sozialen Erwartungen hervorgeht. Sie distanziert sich aber von ihr in einem entscheidenden Punkt: Butler hält auch das »natürliche Geschlecht« für sozial konstruiert. Das Geschlecht könne »keine anatomische Gegebenheit« sein[148]: »Da das ›Geschlecht‹ eine politische und kulturelle Interpretation des Körpers ist, gibt es keine Unterscheidung anatomisches Geschlecht (sex)/Geschlechtsidentität (gender) gemäß den Linien der Konventionen.«[149] Natürlich streitet Butler nicht ab, dass gewisse anatomische Merkmale den Körper von Männern und Frauen unterscheiden. Die Tatsache aber, dass es einen Unterschied zwischen anatomischem und sozialem Geschlecht gebe, das soziale Geschlecht also letztlich unabhängig von der Anatomie existiere, beweise, dass auch anatomische Kategorien bloß Produkte eines »kulturellen Produktionsapparats« seien.[150]

Ihre Argumentation lässt sich an dieser Stelle kaum nachvollziehen, da Butler mit unausgesprochenen Prämissen arbeitet und teilweise unlogische Schlüsse zieht. So beweist allein der Unterschied zwischen Anatomie und Gender längst nicht, dass zwischen beiden keine kausale Verbindung besteht. Im Grunde stellt »Das Unbehagen der Geschlechter« den Versuch dar, den Einfluss der Biologie kleinzureden, ohne des Realitätsverlusts bezichtigt werden zu können. Butler erkennt anatomische Realitäten an, zielt aber darauf ab, dass wir diese Realitäten überbewerteten: »Daß der Penis, die Vagina, die Brüste usw. benannte Geschlechtsteile sind, bedeutet, daß der erogene Körper auf diese Teile eingeschränkt wird und zugleich der Körper als Ganzes fragmentiert wird.«[151]

Butler sieht ihre Untersuchungen in der Tradition von Michel Foucault, von dem sie sich allerdings in einigen Punkten absetzt. Auf den ersten Blick ähneln sich die Ansätze tatsächlich: Beide hinterfragen das gängige Verständnis von Ursache und Wirkung, beide beschäftigen sich mit der Frage, wie Diskurse die Zustände herbeiführen, die sie nur zu beschreiben vorgeben. Foucault wies mit seiner Arbeit darauf hin, dass unsere Wahrnehmung der Dinge auch durch die Symbole geprägt ist, die wir für sie verwenden, zum Beispiel die Sprache. Und dass in der vermeintlich neutralen Verwendung dieser Symbole Machtverhältnisse wirksam werden. Er wertete das Symbol also auf, machte es von einem Stellvertreter für das Ding, das es beschreibt, fast zu einer Art Akteur. Butler jedoch geht einen Schritt weiter: Bei ihr soll das Symbol als Beweis dafür dienen, dass es das Ding gar nicht gibt.

Wie manipulativ sie dabei vorgeht, zeigt sich zum Beispiel, wenn sie fragt: »Existiert überhaupt ein ›physikalischer‹ Körper vor dem perzeptuell wahrgenommenen Körper?«[152] Es handelt sich hierbei um eine philosophische Frage, die per Definition nicht beantwortet werden kann. Ob es eine Welt außerhalb unserer Wahrnehmung gibt, werden wir als Menschen niemals wissen. Die Frage führt jedoch in der Geschlechterdebatte keinen Schritt weiter, oder, anders gesagt, ebenso weit wie in jeder anderen Debatte. Auch ein Affenforscher kann darüber nachgrübeln, ob es die Affen, die er beobachtet, überhaupt gibt; er wird dabei aber wenig über das Paarungsverhalten der Spezies herausfinden. Butler dient das taktische Einstreuen dieser Frage dazu, grundsätzliche Zweifel an unserer Wahrnehmung zu säen, um diese entkräften zu können, ohne inhaltliche Kritik üben und konkrete Alternativen zur allgemeinen Wahrnehmung anbieten zu müssen. Indem sie unsere Wahrnehmung als unzuverlässig darstellt, als Produkt einer Kultur voller irreführender Symbole, radiert sie nicht nur die Gültigkeit der Symbole aus, sondern auch die Existenz der Dinge, die sie bezeichnen.

Unterstützend wirken dabei die unausgesprochenen Prämissen ihrer Argumentation, die gerade dadurch, dass sie nicht benannt werden, einen Abgleich mit der Realität verhindern und zu jener ideologischen Abkapselung führen, die heute auch in der Transbewegung zu beobachten ist. Zu diesen Prämissen zählt, dass Butler den Einfluss von Hormonen auf die Handlungen und Empfindungen des Menschen offenbar für bedeutungslos hält – sonst wäre es kaum möglich, das biologische Geschlecht als Marginalie darzustellen.

Eine weitere und besonders bezeichnende Prämisse ist, dass Butler indirekt die Notwendigkeit der Fortpflanzung bestreitet. Sie behauptet, die biologischen Unterschiede zwischen Mann und Frau würden kulturell überbewertet; sie seien in Wahrheit so unwichtig, dass sogar Wörter wie »Penis« und »Vagina«, also die Benennung der anatomischen Unterschiede, bloß Symbole eines Machtverhältnisses seien und keine notwendigen Begriffe zur Verständigung. Butler setzt hier stillschweigend voraus, dass nicht nur die anatomischen Unterschiede selbst bedeutungslos sind, sondern dass auch ihre direkten Auswirkungen auf das Leben keine geschlechtsspezifische Bedeutung besitzen, die über das allgemein Menschliche hinausgeht. Zu diesen Auswirkungen zählt, dass gesunde Frauen ab dem Jugendalter einmal monatlich ihre Periode bekommen, was bei vielen von ihnen mit Schmerzen und anderen Beschwerden einhergeht; dass sie ab diesem Alter mit einem Mann ein Kind zeugen können und dieses neun Monate im eigenen Körper austragen; dass sie das Kind danach mit Nahrung aus ihrem Körper ernähren können. In einer Gesellschaft, die sexuelle Reproduktion anstrebt, gehen weitreichende Folgen aus der Befähigung der Frauen zum Gebären hervor. Sie ordnen zwangsläufig das gesamte gesellschaftliche Gefüge (wenn auch von Gesellschaft zu Gesellschaft auf unterschiedliche Weise). Butler schwebt also, wenn sie diese Konsequenzen der biologischen Geschlechtsunterschiede für nichtig erklärt, eine Gesellschaft vor, in der sexuelle Reproduktion höchstens ein Randphänomen ist.

Die Differenz zu Foucault könnte größer nicht sein. Bei aller Komplexität seiner Schriften war dieser doch stets von der Frage angetrieben, wie Menschen in der Vergangenheit und Gegenwart die Probleme wahrnahmen und handhabten, vor die sie ihr

Leben stellte. Er durchkämmte Archive und versenkte sich in historische Quellen. Seine Theorien nehmen, anders als die von Butler, explizit Bezug auf die physische Welt. Gerade der Körper der Frau und seine reproduktiven Fähigkeiten spielten beispielsweise in Foucaults Überlegungen zur Biopolitik eine wichtige Rolle. Dabei reflektiert er kritisch die unterschiedlichen Bedeutungen, die dem weiblichen Körper zu politischen Zwecken eingeschrieben wurden, ohne dabei zu bestreiten, dass es einen weiblichen Körper gibt.

Für Butler hingegen sind Phänomene der physischen Welt allenfalls ein willkommener Anlass, um die Theorien unterschiedlicher Philosophen auszubreiten und zu vergleichen. Ihre Texte klingen meist so:

»Interessanterweise legt Wittig nahe, daß es eine notwendige Beziehung zwischen dem homosexuellen Standpunkt und der Perspektive der figurativen Sprache gibt. Demnach bedeutet ›homosexuell‹, die zwanghafte Syntax und Semantik, die das ›Reale konstruieren‹, anzufechten. Es ist durchaus möglich, daß der aus dem Realen ausgeschlossene homosexuelle Standpunkt – falls es ihn gibt – das Reale als durch zahlreiche Ausschließungen, Randzonen, die nicht zum Vorschein kommen, Abwesenheiten, die nicht dargestellt werden, konstituiert versteht.«[153]

Butlers mangelnde Anschaulichkeit setzt in der Sprache fort, was ihr auch auf inhaltlicher Ebene fehlt: das Interesse an realen Zuständen und der Mut, diese zu benennen und sich dadurch angreifbar zu machen. Butlers Argumentation in »Das Unbehagen der Geschlechter« steht sinnbildlich für eine geisteswissenschaftliche Strömung, die heute den Mainstream und das Denken der Generation Krokodilstränen durchdrungen hat. Diese Denkschule fühlt sich der Dekonstruktion der Symbole stärker verpflichtet als den realen Lebensbedingungen. Dabei vermischt sie absichtlich die physische und die metaphysische Ebene. Wenn Judith Butler die Frage nach den Wechselwirkungen zwischen Anatomie und Sozialisation damit kontert, dass kein physikalischer Körper außerhalb unserer Wahrnehmung existiere, dann beantwortet sie eine biologische, soziologische, psychologische Fragestellung mit einem metaphysischen Argument. Dieser Kategorienfehler ist kein Versehen. Es handelt sich um eine gezielte Strategie, die dazu dient, physische Probleme ausblenden zu können. Sie folgt einem wiederkehrenden Muster, das wir im Folgenden als »strategischen Kategorienfehler« bezeichnen wollen: Eine physische Problemstellung wird durch metaphysische Argumente aufzulösen versucht, was lediglich zur Ausblendung des Problems führt.

Der Körper der Frau nimmt in den Theorien dieser Denkschule einen zentralen Platz ein, weil er so eng an die Bedingungen des Lebens gekettet ist. So behauptete etwa auch der Soziologe Pierre Bourdieu 1998 in seinem Buch »Die männliche Herrschaft«, dass »die Notwendigkeiten der biologischen Reproduktion« keineswegs »die symbolische Organisation der geschlechtlichen Arbeitsteilung« determinierten: »Vielmehr ist es eine willkürliche Konstruktion des Biologischen und insbesondere des – männlichen und weiblichen – Körpers, seiner Gebrauchsweisen und seiner Funktionen, vor allem in der biologischen Reproduktion, die der männlichen Sicht […] der geschlechtlichen Arbeitsteilung […] ein scheinbar natürliches Fundament liefert.«[154] Vielleicht hätte Herr Bourdieu das noch einmal mit meiner Ahnin ausdiskutieren sollen, die dreizehn Kinder gebar und nebenher nicht in Teilzeit arbeitete.

Der Kreißsaal und der Schützengraben gleichen sich darin, dass sie den Menschen auf seine Körperlichkeit zurückwerfen. Wo es ums Überleben geht, werden wir zu Mann oder Frau. Die Biologie kann nur verleugnet werden, indem das Existenzielle aus der Kultur verbannt wird.

DER STRATEGISCHE KATEGORIENFEHLER ALS INSTRUMENT DER POLITIK

Wer sich dieser Tage beklagt, dass zu viele Flüchtlinge ins Land kämen, bekommt zu hören, dass er von »Geflüchteten« sprechen soll. Wer sich um die Rechte von Frauen sorgt, erhält als Antwort, dass es keine biologischen Geschlechter gibt. Beides sind Beispiele dafür, wie der strategische Kategorienfehler auf das politische Feld übertragen wird. Metaphysische Diskussionen darüber, wie die Sprache das Sein prägt oder ob Geschlechtsunterschiede eine Frage der Wahrnehmung sind, mögen interessant sein. Sie beziehen sich jedoch auf eine andere Ebene als Diskussionen über konkrete Probleme der Migration oder der Frauenrechte. Auf physische Fragen werden metaphysische Antworten gegeben, um den physischen Konflikten auszuweichen.

Mit dem geplanten Selbstbestimmungsgesetz statuiert die Bundesregierung ein Exempel, wie der strategische Kategorienfehler institutionalisiert werden kann. Einerseits hat die physische Realität des Ukraine-Krieges Einzug in den Gesetzestext gehalten: Wer im Verteidigungsfall eine Personenstandsänderung von »männlich« zu »weiblich« beantragt, bleibt rechtlich ein Mann. Wenn das Land vor einer existenziellen physischen Bedrohung steht, gelten für die Bestimmung des Geschlechts also physische Kriterien. Solange diese physische Bedrohung für den Staat nicht existiert, orientiert sich das Gesetz hingegen an der metaphysischen Interpretation von Geschlecht, laut der dieses sich unabhängig von anatomischen Merkmalen definiere. Die physische und die metaphysische Definition von Geschlecht stehen also im Gesetz nebeneinander und können, den jeweiligen Bedürfnissen des Staates entsprechend, zur Anwendung kommen.

Der Staat definiert dabei seine Rolle neu. Anstatt wie zuvor einen biologischen Fakt im Pass zu vermerken, spricht er dem Standesamt die Kompetenz zu, per Geschlechtseintrag eine soziale Rolle zu beglaubigen. Was die Befürworter des Selbstbestimmungsgesetzes als Bereicherung einstufen – die Möglichkeit, sein Geschlecht »frei zu wählen« –, ist in Wahrheit Ausdruck einer Scheinmündigkeit: Der Staat täuscht vor, eine freie Wahl der sozialen Rolle zu ermöglichen, agiert dabei aber auf einem Feld, das ihm keineswegs untersteht. Denn um die eigene soziale Rolle innerhalb des gesellschaftlichen Gefüges zu definieren, ist der mündige Bürger nicht auf den Staat angewiesen; dieser hat sich im Gegenteil in einer liberalen Demokratie aus den Privatangelegenheiten herauszuhalten. Der Staat verteilt durch das Selbstbestimmungsgesetz also etwas – die Anerkennung einer sozialen Rolle –, worüber er überhaupt nicht verfügen kann.

Diese Selbstermächtigung des Staates soll darüber hinwegtäuschen, dass er sich aus seinen eigentlichen, physischen Zuständigkeitsbereichen zurückzieht. Übergriff und Rückzug des Staates gehen Hand in Hand. Die Politik verlagert hierbei die Verteilungsdebatte in den metaphysischen Raum. Eine Politik, die physische Güter (auch in Form von Geld) verteilt, operiert mit einer begrenzten Ware. Sie ist gezwungen, Entscheidungen zu treffen, die bei mindestens einem Teil der Bevölkerung unpopulär sind: bei den Reichen oder bei den Armen oder im Mittelstand. Auch der physische Raum, über den sie verfügt, ist begrenzt. An der Frage, wer das Territorium betreten, wer darauf leben, wer dessen Regeln mitbestimmen darf, entzünden sich Konflikte. Eine Politik hingegen, die metaphysische Güter verteilt, ist keiner natürlichen Begrenzung ausgesetzt und umgeht so auch die Konflikte. Sie steht vielmehr vor dem Problem, dass metaphysische Güter potenziell unendlich verfügbar sind und es niemanden braucht, der sie verteilt. Der Staat wird als Akteur wieder ins Spiel gebracht, indem die Politik die metaphysischen Güter selbst begrenzt, um sie dann verteilen zu können. Aus diesem Grund verhalten sich Politiker heute oft wie moralische Richter, die missliebigen Bevölkerungsteilen die Anerkennung absprechen. Umso großzügiger erscheinen sie hinterher, wenn sie anderen Bevölkerungsteilen diese Anerkennung wieder zuteilwerden lassen.

Es ist folgerichtig, dass dieselbe Regierung, die das Selbstbestimmungsgesetz auf den Weg gebracht hat, daran scheitert, mit den Steuereinnahmen vernünftig zu haushalten und den Zutritt zum eigenen Territorium zu begrenzen. Wer an die unbegrenzte Verfügbarkeit metaphysischer Güter gewöhnt ist, der empfindet die Begrenztheit physischer Ressourcen als Unverschämtheit. Gerade Politiker aus dem linken Spektrum haben verinnerlicht, Konflikte zu dekonstruieren, statt sie zu lösen. Anders als die frühere, marxistisch geschulte Linke, die sich gegen den Klassenfeind durchsetzen wollte, erblickt die heutige Linke ihren Feind in den natürlichen Bedingungen des menschlichen Lebens, der conditio humana.

Wie weit die Regierung dabei geht, wird deutlich, wenn man sich eines ihrer zukünftigen Vorhaben ansieht: 2021 kündigte sie im Koalitionsvertrag an, dass die Kosten »geschlechtsangleichender« Behandlungen vollständig von der gesetzlichen Krankenversicherung übernommen werden müssten.[155] Gleichzeitig strebt die Regierung mit dem Selbstbestimmungsgesetz an, das »veraltete, pathologisierende Verständnis von »Transgeschlechtlichkeit« zu überwinden, wie sie im Gesetzentwurf mehrmals festhält.[156] Geschlechtsdysphorie soll nicht mehr als Krankheit gewertet werden. Die Krankenkasse soll also Leistungen finanzieren, die ausdrücklich keine Behandlung einer Krankheit darstellen. Worum handelt es sich dann bei den Eingriffen? Dieser Widerspruch legt den ideologischen Kern des Selbstbestimmungsgesetzes offen: Wenn die Wahrnehmung, im falschen Körper geboren worden zu sein, weder krankhaft noch unzutreffend ist, dann muss dieser Körper tatsächlich falsch sein. Die geschlechtsumwandelnde Operation rückt also gerade, was bei der Zuteilung der Körper schiefgelaufen ist. Die Physis wird zur Kränkung. Die conditio humana muss wegoperiert werden. Der Staat spielt Gott.

In seinem Buch »Von der Idee, konservativ zu sein« bezeichnet der britische Philosoph Roger Scruton Traditionen als »Formen des Wissens«: Sie enthielten »die Überbleibsel von vielen Versuchen und Irrtümern [...]. In der Sprache der Spieltheorie ausgedrückt: Sie haben Lösungen für das Problem der Koordination gefunden, die sich mit der Zeit herauskristallisiert hatten. Sie sind erhalten geblieben, weil sie die notwendigen Informationen liefern, ohne die die Gesellschaft sich nicht reproduzieren kann.« Würden Traditionen achtlos vernichtet, dann schwänden auch die Garantien, die jede Generation der nächsten bietet.

Bei Traditionen handle es sich also nicht um »willkürliche Regeln und Konventionen«, sondern um »Antworten auf bleibende Fragen«. Diese bleibenden Fragen, so lässt sich ergänzen, sind jene Fragen, die sich aus der conditio humana ergeben: Wie gehen wir mit unserer Endlichkeit um? Wie wollen wir leben? Wie sterben? Wie organisieren wir uns als Gemeinschaft? Wie geben wir Leben weiter? Die Antworten auf diese Fragen änderten sich im Laufe der Jahrhunderte, auch infolge neuer technischer Errungenschaften, wissenschaftlicher Erkenntnisse und moralischer Normen. So bot beispielsweise der medizinische Fortschritt immer genaueres Wissen über den menschlichen Organismus, sodass Krankheiten wirksamer bekämpft und die Lebensspanne verlängert werden konnte. Später ermöglichte die Empfängnisverhütung eine gezieltere Steuerung der Fortpflanzung. Und eines Tages könnte der Prozess des Alterns künstlich hinausgezögert oder verhindert werden, wodurch wieder neue Antworten auf die alten Fragen gegeben und gleichzeitig neue Fragen aufgeworfen würden.

Der Wettbewerb der Antworten auf die bleibenden Fragen war schon immer verwoben mit politischen Kämpfen. Politik ist stets auch ein Ringen um den richtigen Umgang mit der conditio humana. So strebte der Kommunismus eine Umverteilung der natürlich begrenzten Ressourcen an. Die ökologische Politik zielt auf eine nachhaltige Nutzung dieser Ressourcen ab. Der christliche Konservatismus erklärte die Bewahrung einer göttlichen Schöpfung zum politischen Leitprinzip. Der Liberalismus stellte die von der Natur gegebenen Unterschiede zwischen den Individuen ins Zentrum. Selbstverständlich waren diese wie alle politischen Strömungen nie reine Antworten auf bleibende Fragen, sondern dienten immer auch als Vehikel für Machtkämpfe, für wirtschaftliche Interessen, für kulturelle, gesellschaftliche oder persönliche Konflikte. Doch was die einflussreichen politischen Strömungen der vergangenen Jahrhunderte vereinte, ist, dass sie die bleibenden Fragen anerkannten. Die Denkschule der Wokeness hingegen ringt nicht um Antworten, sondern verleugnet einfach die Fragen.

Indem sie die natürlichen Bedingungen des menschlichen Lebens als soziale Konstrukte ausgibt, als ein Produkt der kollektiven Fantasie, entkräftet sie nicht nur unsere gegenwärtige Wahrnehmung, sondern auch jene früherer Generationen. Wenn über Jahrhunderte hinweg scheinbar die falschen Fragen gestellt wurden, dann müssen auch alle bislang gegebenen Antworten falsch sein. Die Logik der Wokeness entzieht somit nicht nur den gegenwärtigen, sondern auch allen historischen Handlungen und Entscheidungen die rationale Grundlage. Zwangslagen und Dilemmata vergangener Zeiten erscheinen auf einmal wie selbstgewählte Notlagen, die durch die Erkenntnis, dass alles sozial konstruiert ist, schnell hätten aufgelöst werden können. Die Idee der sozialen Konstruktion führt, in dieser pervertierten Form, zu einer unbegrenzten Deutungshoheit. Sie ermöglicht es, historische Ereignisse je nach eigener Interessenlage umzudeuten.

Foucault kritisierte eine solche »überhistorische Perspektive«. Er stellte sich, unter Bezugnahme auf Friedrich Nietzsche, gegen eine »Historie, die sich die Aufgabe stellt, in einer in sich abgeschlossenen Totalität die bereits reduzierte Vielfalt einer Zeit zu sammeln; [...] eine Historie, die alles Vergangene vom Ende der

Welt her betrachtet«.[157] Die Generation Krokodilstränen aber blickt in die Geschichtsbücher auf der Suche nach ebendieser abgeschlossenen Totalität, die es erlaubt, ambivalente historische Persönlichkeiten, deren Ansichten sich nicht mit allen heute geltenden Wertvorstellungen in Einklang bringen lassen, vom Sockel zu stürzen.

Die Wokeness ist im Kern ein radikal antikonservatives Projekt: Indem die conditio humana und die aus ihr resultierenden Fragen verleugnet werden, verlieren jegliche Traditionen ihre Legitimation. Sie werden nicht länger als bestmögliche Lösungen eines Problems angesehen, die aus einem langen Prozess gesellschaftlicher Aushandlung resultieren, sondern als Produkte einer fehlgeleiteten Wahrnehmung. Daraus resultiert eine Umkehr der Beweislast: Galt einst das Altbewährte als Standard, an dem sich jede Neuerung messen lassen musste, so muss sich heute das Alte bewähren, während das Neue seine Legitimation allein aus seiner Neuartigkeit bezieht. Damit aber wird nicht nur die Tradition, sondern auch der mit ihr verbundene Prozess der Aushandlung und Optimierung über Bord geworfen. Das Regime der bedingungslosen Progressivität ist darum, entgegen der eigenen Behauptung, keineswegs demokratischer als das Regime der Tradition. Es setzt vielmehr Relativismus und Anarchie an die Stelle vernunftbasierter gemeinsamer Lösungen.

VAKUEN DER MACHT

Wer Traditionen achtlos vernichtet, so schreibt Roger Scruton, der kann den nachfolgenden Generationen keine Garantien mehr bieten. Die »Formen des Wissens«, die in den Traditionen enthalten waren, gehen verloren. Jeder einzelne der postmodernen Theoriezweige verfolgt eigene diskursive Ziele und vernichtet dabei unterschiedliche Formen von Wissen. Weil die Wokeness keine inhaltlichen, sondern formale Ziele verfolgt und

Chefposten lieber nach Identitätsmerkmalen statt nach Kompetenz vergibt, entstehen Machtvakuen. Wer vor der physischen Welt in die metaphysische flüchtet, der kann für die physische Unversehrtheit seiner Schutzbefohlenen nicht mehr garantieren. Dies wird im Großen wie im Kleinen sichtbar, zum Beispiel an Universitäten in Europa und den USA, wo jüdische Studenten nicht vor antisemitischen Mobs auf dem Campus geschützt werden.

Die Bedrohung jüdischer Studenten ist die Folge einer systematischen Umdeutungsarbeit durch die postkolonialen Studien. Dabei wird jene metaphysische Umkehrung wirksam, nach der Macht sich nicht durch Stärke legitimiert, sondern durch Schwäche; nach der das Neue einen Vertrauensvorschuss genießt und gegenüber dem Alten Misstrauen gehegt wird. Die Vorherrschaft des Westens wird von den Postkolonialisten kritisiert, weil sie historisch im Imperialismus und damit in der Unterwerfung anderer Staaten wurzele. Der intellektuelle westliche Mainstream – stets zu Selbstkritik bereit – übernahm diese Sichtweise und schwächte sich selbst, indem er seine eigene Macht untergrub. Gleichzeitig aber bietet der Postkolonialismus keine alternativen Konzepte, wie geopolitische Macht sinnvollerweise legitimiert werden könnte, sondern beschränkt sich auf die Idealisierung der ehemals Unterdrückten.

Dieses Weltbild verbreitete sich über den akademischen Bereich hinaus und prägt heute die Geopolitik. Die *Zeit* beschrieb das Dilemma im Oktober 2023 wie folgt: Die Kriege in Israel und der Ukraine seien Teil eines globalen geopolitischen Wandels. Oft sei von einer »multipolaren Welt« die Rede, in der es keine Blöcke mehr gebe, keine westliche Vorherrschaft und keinen amerikanischen »Weltpolizisten«. Viele Mächte sähen sich ermutigt, ihre Interessen durchzusetzen, wie es früher nur die Großen konnten. Das sei nicht per se schlecht: »Von der Multipolarität erhoffen sich viele Länder des sogenannten Globalen Südens eine gerechtere globale Machtverteilung.«[158] Aber nun zeige sich, dass durch diesen Wandel auch die Risikobereitschaft radikaler Akteure wie Russland und Iran (der die Hamas unterstützt) steige.

Der Konservative würde entgegnen: Wandel, der keine besseren Ergebnisse vorweisen kann, ist per se schlecht. Weil konservatives Denken jedoch verpönt ist, wird jeder Entmachtung, jedem Wandel erst einmal eine positive Wirkung unterstellt, anstatt das Risikopotenzial einer zerbrechenden Weltordnung zu benennen und die eigene Vorherrschaft abzusichern. Der Westen fällt dieser Tage angesichts der zahlreichen geopolitischen Rivalen, die mit ihren Muskeln spielen, ohne sich dabei vor toxischer Männlichkeit zu fürchten, aus allen Wolken: Glücklicherweise entdeckt er im Vorratsschuppen doch noch einige Atombomben. Der Rest an Macht, den er noch besitzt, basiert eben doch auf Stärke.

Hier werden die anarchischen Folgen des strategischen Kategorienfehlers sichtbar: Wer sich der Täuschung hingibt, die Welt allein nach metaphysischen Kriterien bewerten zu können, verliert die Kontrolle über den physischen Raum. Der Westen ersetzte seine Vorherrschaft durch metaphysische Selbstgeißelung. Er ließ zu, dass die Idee der Aufklärung als reines Instrument weißer Dominanz uminterpretiert werden konnte; er akzeptierte, dass der Orient zu einem sozialen Konstrukt des Westens deklariert wurde; ohne gleichzeitig diese metaphysischen Spielereien mit physischen Maßnahmen zu flankieren, um die Werte der Aufklärung zu schützen und Israel vor Angriffen anderer Nahoststaaten zu bewahren. Das Vakuum, das der Westen auf physischer Ebene hinterließ, füllten andere. Höhnisch twitterte Mahvish Ahmad, Assistenzprofessorin für Menschenrechte und Politik an der London School of Economics, nach dem Massaker der Hamas: »Dekolonisierung ist keine Metapher.«[159] Die Erschütterung des Westens aber geht noch tiefer: Er muss erkennen, dass die Welt keine Metapher ist. Wo die gewachsenen Traditionen des Westens, in denen Aufklärung und Vernunft, demokratische Mitbestimmung und Freiheit verankert sind, achtlos verworfen werden, tritt das Recht des Stärkeren an ihre Stelle.

Diese Dynamik wird auch beim Selbstbestimmungsgesetz wirksam. Die traditionelle Unterscheidung zwischen den Geschlechtern dient keineswegs nur der weiblichen Unterwerfung. Der jahrhundertelange Aushandlungsprozess zwischen den Geschlechtern führte zu Gleichberechtigung und Minderheitenschutz: Getrennte Toiletten, Umkleidekabinen und Saunen sowie Frauenhäuser gestand die Gesellschaft den Frauen zu ihrem Schutz zu. Wenn Geschlecht aber nicht mehr nach physischen, sondern nach metaphysischen Kriterien definiert wird, wenn die biologische Begrenzung nicht anerkannt, sondern bestritten wird, dann entsteht auch hier ein Machtvakuum, in dem sich der Stärkere durchsetzt. Frauen, die in Toiletten oder Umkleidekabinen unter keinen Umständen auf Männer treffen möchten, werden gezwungen, diese Orte zu meiden.

Auch der Antirassismus erzeugt ein Vakuum: Weil das bloße Anerkennen von Fremdheit als rassistisch umgedeutet wird, weil die Unterschiede zwischen den Kulturen relativiert werden, ist der Schutz der physischen Landesgrenzen in Verruf geraten. Die Illusion grenzenloser Solidarität soll um jeden Preis aufrechterhalten werden. Der Westen beherrscht nicht einmal mehr die plumpeste Form von Macht, das »be-sitzen« des eigenen Territoriums. Europa öffnet im Namen einer metaphysischen Brüderlichkeit seine Tore für Menschen, die auf die Werte europäischer Brüderlichkeit nichts geben, aber umso bereitwilliger physische Unterstützungsleistungen in Anspruch nehmen. So weicht auch das Prinzip der Nation, die dem Schutz ihrer Bürger verpflichtet ist und dies gerade durch die Aufrechterhaltung ihrer Grenzen bewerkstelligt, dem Recht des Stärkeren – das mittlerweile auf vielen deutschen Straßen gilt und sie in gefährliche Orte für Frauen, Juden und Homosexuelle verwandelt.

Gerade indem die Verfechter der Wokeness alles Konservative zurückweisen, alle ausgehandelten Normen ablehnen, offenbaren sie sich als reaktionär: Sie untergraben die Spielregeln des Westens und höhlen seine Werte aus, ohne ihnen ein schlüssiges Konzept entgegenzuhalten. Letztendlich propagieren sie anarchische Ideale. Wo immer sich der Westen aus der physischen Welt zurückzieht, macht er Barbaren Platz.

KAPITEL V
BILDER VON GESTERN

DAS KLISCHEE ALS REBELLION

Vor Vulven gibt es dieser Tage kein Entkommen. Sie werden modelliert und gestickt und gemalt und auf die Bühne gebracht. Sie prangen auf T-Shirts und zieren Keramikgeschirr (»Mit Vulven-Seifenschalen möchten wir das Tabu um die Vulva brechen«[160]) und baumeln als Schmuckstück um den Hals. Man kann Seifenstücke in Vulvaform kaufen – mit Lavendelöl oder Aloe vera oder Sheabutter – und in Workshops lernen, sein eigenes »Vulva Painting« zu malen, um »mit patriarchalen Strukturen und eingeschliffenen Tabus zu brechen«[161]. Das Kollektiv »Vulvaversity« bietet Vulvapostkarten und einen Jahreskalender mit 365 Farbfotos von Vulven an, der diese »von der Scham befreit und in all ihrer Vielfalt feiert«.[162] Der britische Künstler Jamie McCartney hat mit 400 Gipsabdrücken von Vulven die »Great Wall of Vulva« gebaut, die die Wände internationaler Museen schmückt; McCartney will mit seinem Kunstwerk die »Verwirrung« um das weibliche Genital auflösen, indem er Wissenslücken schließt.[163] In Berlin fliegt zwischen Reichstag und Kanzleramt eine riesige Vulva durch die Luft – eine animierte Skulptur der Künstlerin Anne Duk Hee Jordan, die dank Augmented Reality auf dem Smartphone sichtbar wird.

Menschen, die auf Vulven starren. All diese Vulven sehen unterschiedlich aus, und doch sind sie vereint in der Perspektive, aus der sie gezeigt werden. Es ist der Blick von außen, ein anatomischer oder sexualisierter Blick; der Blick eines Gynäkologen oder Sexpartners oder Fotografen, der einer Frau zwischen die gespreizten Beine schaut: oben die Klitoris als Punkt, von ihr abfallend die äußeren und inneren Schamlippen. Eine Frau muss sich einen Spiegel zwischen die Beine halten, um ihre Vulva auf diese Weise sehen zu können. Wenn sie an sich hinunterschaut, sieht sie vor allem den Venushügel. Die Klitoris liegt aus weiblicher Perspektive unten, darüber erheben sich die Schamlippen.

Die vermeintlich feministische Darstellung der Vulva ist nichts anderes als ihre Objektifizierung. Damit steht sie sinnbildlich für die kulturelle Produktion der Gegenwart. Allenthalben werden Kunstwerke produziert, die das radikal Subjektive zu zelebrieren scheinen und es heimlich zum Objekt degradieren. Es ist Kunst, die der Unterwerfung huldigt, diese aber als Befreiung verkleidet. All die Vulvamalerinnen unterstellen Frauen, dass sie von ihrem Körper und ihrer Sexualität überfordert seien und sich ohne die als Kunst getarnten Infotafeln nicht zwischen ihren Beinen zurechtfänden. Aber Selbstermächtigung unter Anleitung ist eben keine.

Die Kultur der Gegenwart steht unter dem Banner der Revolte und produziert doch Bilder von gestern. Die jugendlichen Klimaaktivisten versprühen in ihrer tristen Secondhandmode ein ähnlich ökologisches Flair wie ihre Elterngeneration, die gegen Atomkraft und sauren Regen auf die Straße ging; ihre Utopie ist genauso fortschrittsfeindlich und verklärt wie damals Entschleunigung und Wirtschaftsschrumpfung. Auch in der Musik ist die Vergangenheit allgegenwärtig. Ein ganzer Zweig der Branche hat sich darauf spezialisiert, alte Lieder neu abzumischen und mit Bässen zu hinterlegen: alles wie früher, bloß schneller und lebloser. Der Vintage-Hype setzt jede Saison ein neues vergangenes Jahrzehnt in Szene. Dreißigjährige laufen in lila-grün gemusterten Blousons aus den Neunzigerjahren herum, Zwanzigjährige verfallen den tief sitzenden Jeans der Nullerjahre: Die Zeit der eigenen Geburt wird modisch heraufbeschworen. Hätte man sich die Generation der 68er vorstellen können, wie sie die Mode von 1950 aufträgt? Oder Punks in braven 60er-Jahre-Kleidern mit A-Linie? In sozialen Netzwerken werden unter dem Hashtag #throwbackthursday Fotografien aus der Vergangenheit gepostet. Jeder Moment wird von jungen Menschen mit dem Smartphone festgehalten, die Gegenwart erhält ihren Wert erst als zukünftige Vergangenheit.

Das alles ist legitim. Doch es erstaunt, dass das reaktionäre Element der heutigen Jugendkultur als solches nicht benannt wird. Gerade weil die Wokeness, wie im letzten Kapitel beschrieben, ein antikonservatives Projekt ist, muss sich das Konservative als »progressiv« tarnen, ums sich seinen Weg in die woke Ideenwelt zu bahnen. Die Generation Krokodilstränen führt Kämpfe, die ihr die Lehrerinnen und Uniprofessoren diktieren; sie rennt Türen ein, die längst ausgehängt sind; sie entthront Idole, die bloß noch als steinerne Statuen existieren; sie protestiert gegen Normen, die nicht mehr gelten – und ist sich mit den älteren Generationen einig in der Überzeugung, dass sie einer progressiven Agenda folge.

Anschauungsmaterial hierfür lieferte beim Ingeborg-Bachmann-Wettbewerb 2023 die Lesung der Schweizer Autorin Laura Leupi. Sie erhielt den 3Sat-Preis für ihren Text »Das Alphabet der sexualisierten Gewalt«. »A steht für Angst, die uns anerzogen wird«, erfahren wir zu Beginn des Textes, »die Angst verweist uns zurück an den Herd und den Mann ans Gewehr.« C stehe für »Catcalling, Cyber Stalking, Care Arbeit«. D für »Dunkelziffer, Diskriminierung und Definitionsmacht«. Unterbrochen wird das Alphabet durch Passagen, in denen es lose um die Verarbeitung einer Vergewaltigung geht. In diesen Passagen wird abwechselnd die Wohnung der Protagonistin in Metaphern erfasst (»während ich schlafe, beginnen die Bettwellen zu tanzen«; »dem

Stuhl wachsen Haare«) und der Leser mit aktivistischem Info-Dump zugeschüttet (»Menschen mit Behinderungen, die doppelt so häufig sexualisierte Gewalt erleben wie Menschen ohne Behinderungen«).[164] Der Juror Philipp Tingler kritisierte Leupis Text, der »weder emanzipatorisch noch mutig« sei, an einem Moralisierungsüberschuss leide und Sprache »tendenziell totalitär« verwende, weil keine kritische Auseinandersetzung mit identitätspolitisch aufgeladenen Begriffen stattfinde. Tingler stand mit seiner Kritik allein. Die Jurorin Mithu Sanyal fand den Text »total mutig«, Insa Wilke sprach von einem »emanzipatorischen Projekt«, das versuche, eine Sprache für Vergewaltigung zu finden. Es verfolge ein »politisches Anliegen« und dokumentiere die Mechanismen des Patriarchats. »Wenn man Systemveränderung will, muss man sie umfassend denken«, so Wilke.[165]

Sechs Jahre nach dem Aufkommen der MeToo-Bewegung und rund hundert Jahre nach der Entstehung der Montagetechnik in der Literatur ist die Mehrheit der Juroren also bereit, einen sowohl auf inhaltlicher wie auf sprachlicher Ebene absolut konventionellen Text als »mutig« und »emanzipatorisch« zu bezeichnen. Es ist aufschlussreich, dass für viele Juroren das Kriterium der Emanzipation eine solch zentrale Rolle bei der Bewertung der Texte einnimmt; als würde allein dies für Qualität bürgen. Die Autorität applaudiert der Rebellion – der Rebell wird zum Schoßhund der Autorität.

Im Kulturbetrieb wimmelt es heute nur so von rebellischen Schoßhunden, die die Diskriminierungshypothese ertragreich bewirtschaften. Die Verlagsprogramme sind voll von »marginalisierten Stimmen«, als bestünde die Gesellschaft einzig aus Rändern. Den Verwertungszyklus zur Vollendung gebracht hat der deutsche Kommunalpolitiker und Rapper Maurice Conrad. Er schafft es wie wenige andere deutsche Musiker, die Diskriminierungshypothese in ein Kulturprodukt zu übersetzen und damit wiederum die eigene diskursive Macht zu stärken. Conrad wurde im Jahr 2000 geboren, bezeichnet sich als »nonbinär« und studiert Informatik in Mainz. Er engagierte sich in der Seenotrettung und bei »Fridays for Future«. Seit 2019 sitzt er im Mainzer Stadtrat, 2023 schloss er sich dort den Grünen an, die die stärkste Fraktion bilden und gemeinsam mit SPD und FDP regieren.

Gleichzeitig tritt er als queerer Rapper auf, sein Motto lautet: »Ich mache Rap wieder gay.« Seine Lieder tragen Titel wie »Männersex« oder »Homosexuell«. Er singt darin über seine »eigene lilabunte Welt«, reimt Zeilen wie »Der Swag sitzt tiefer als der Schwanz in meinem Kiefer« oder »Alle meine Freunde sind queer und interessant / ein Boy an meiner Seite und zwei Dicks in der Hand«. Im Refrain von »Homosexuell« heißt es: »Wir sind homosexuell, und es ist egal, ob euch das gefällt / wir sind homosexuell, kommen in Glitzer auf die Welt«. »Männersex« ist mit stöhnenden Lauten unterlegt, im Musikvideo tanzt Conrad in Jeans-Shorts und Crop-Top an einer Poledance-Stange, Männer in Pelz und engen pinken Kostümen reiben sich an ihm. Das lyrische Ich in Conrads Texten richtet sich durchgehend an seine offenbar homophoben Kritiker und begegnet diesen mit herablassender Gleichgültigkeit: »Deutscher Rap ist größtenteils / irgendsoein Overhype / peinlich homophober Lines.«

Tatsächlich sind viele deutsche Raptexte von homophoben Stereotypen und Schimpfwörtern durchzogen. Dies liegt unter anderem daran, dass die Rapper oft Migrationshintergrund haben und in muslimisch geprägten Communitys sozialisiert wurden, in denen Homosexualität noch heute als verpönt gilt. Wenn Conrad von »peinlich homophoben Lines« singt, hat er jedoch anderes im Kopf: Im Video zu »Männersex« wird ein schwulenfeindlicher Rapper karikiert, der vor einem Luxusauto posiert. Sein Begleiter trägt einen schwarzen Kapuzenpullover mit einem aufgedruckten Eisernen Kreuz, in der Hand einen Baseballschläger, an der Leine einen Boxer. Die Bildsprache verdeutlicht: Homophobie kommt »von rechts«.

Noch expliziter wird Conrad im Lied »CSD in Sonneberg«, das er gemeinsam mit dem Musiker Bruneau veröffentlichte, nachdem im thüringischen Landkreis Sonneberg erstmals in Deutschland ein AfD-Politiker zum Landrat gewählt worden war. Mit Pride-Flag und Döner in der Hand singt Conrad: »Es ist CSD in Sonneberg und die AfD empört / Überall ist Party, weil den Landrat unsere Party stört / Ess Dürüm und Ayran in der Thüringer Kleinstadt / Bauen genderneutrale Toiletten vor den Rathauseingang«. Der Landrat, so erfährt man weiter, profitiere »nur von Spaltung und von Angst«, auch der CDU-Vorsitzende Friedrich Merz wird kritisiert, weil er die AfD stärke, »wenn er ihre Narrative nährt«. Die verstorbene Oma von Rapper Bruneau muss ebenfalls für den Rap herhalten: »Du wärst so maßlos außer dir, wenn du erfahren würdest / dass du wieder Nazis in Regierungen ertragen müsstest.« Die Verfahren der Diskriminierungshypothese werden hier eins zu eins übertragen: Der Nationalsozialismus dient als Kausalmacht der Diskriminierung; dieser Kausalität wohnt Latenz inne, sie zeigt sich nicht offen, sondern versteckt sich in »Narrativen«; darum braucht es die Methode der Interpretation, eine sorgfältige Exegese der Narrative, die der Aufklärungsarbeit der Rapper Bedeutung verleiht. Das künstlerische Produkt und das kommunalpolitische Engagement verschmelzen dank der Diskriminierungshypothese: Der politische Gegner AfD wird diffamiert und als Übermacht dargestellt, während Conrad seine eigene Machtausübung im Stadtrat durch die beklagte Diskriminierung wie einen oppositionellen Kampf aussehen lässt.

Als Hörer fragt man sich spätestens nach dem dritten Lied, wovon Conrads Texte handeln würden, wenn das lyrische Ich nicht diskriminiert würde. Schwulsein, so legen die Zeilen nahe, besteht vor allem darin, »Schwänze zu lutschen« und unterdrückt zu werden, darauf aber nichts zu geben. Conrad gelingt es, die ungebrochene Reproduktion billigster Schwulenklischees als rebellischen Akt darzustellen, indem er sie als antifaschistischen Kampf inszeniert. Sein Eintreten gegen Homophobie könnte kaum homophober daherkommen. Die Mischung aus

Bürokratendeutsch (»Ob ich gerne Schwänze lutsche? / Haha, in der Tat«), einer Ästhetik aus den Achtziger- und Neunzigerjahren und dem gleichzeitigen Stolz über die vermeintliche Progressivität wirkt geradezu komisch.

Conrads Kunstverständnis gleicht dem jener jungen Menschen, die »zur Wahrheit keinen Umweg nehmen müssen, denn sie sind davon überzeugt, sie bereits gepachtet zu haben. Von der Literatur fordern sie, diese vorgegebene Wahrheit zu illustrieren«.[166] So beschreibt es der französische Intellektuelle Alain Finkielkraut in seinem Buch »Vom Ende der Literatur«. Nicht nur für die Literatur, für alle Formen der Kunst gilt, dass die Generation Krokodilstränen von ihnen die naturgetreue Nachbildung einer Wahrheit erwartet, die im Vorhinein feststeht. Die Fronten waren für Maurice Conrad schon vor seiner Fahrt nach Sonneberg abgesteckt; es passierte, womit er gerechnet hatte: Von Jugendlichen wurde er als »dumme Schwuchtel« beschimpft und während des Videodrehs »aus sicherer Entfernung« eingeschüchtert. Eine No-go-Area für Queere sei der Ort jedoch nicht, schrieb er in einer Kolumne.[167] Es ist bezeichnend, dass Conrad sein Video nicht in der Sonnenallee in Berlin-Neukölln, auf einem Platz in Duisburg-Marxloh oder Offenbach drehte. Dort wäre Conrad mit seiner Regenbogenflagge in eine Situation geraten, die seine Gewissheiten ins Wanken gebracht und Widersprüche sichtbar gemacht hätte: Mancher Dürum-Verkäufer ist sich in der Ablehnung von Homosexualität mit der AfD ziemlich einig und verficht sie deutlich aggressiver, mancher AfD-Anhänger wiederum lehnt gerade wegen dieser Intoleranz ungesteuerte Migration ab. Die daraus resultierenden Fragen künstlerisch auszuleuchten, wäre spannend gewesen. Die Künstler der Generation Krokodilstränen sind aber an Widersprüchen selten interessiert. Sie bebildern lieber das Eindeutige.

DER AUSGELAGERTE KONSERVATISMUS

Diese Lust am Eindeutigen – man könnte auch sagen: die Lust am Kitsch – speist sich nicht nur aus den Vorteilen, die den Künstlern daraus erwächst; nicht nur daraus, dass sich Türen öffnen, wenn bestimmte poststrukturalistische Schlüsselwörter (wie etwa »Narrativ«) fallen. Vielmehr geht von dieser Lust eine eigenständige Kraft aus, die keinem anderen Zweck als ihrer Vermehrung gilt. Erinnern wir uns, was Michel Foucault in »Der Wille zum Wissen« über die Wechselwirkungen zwischen Lust und Kontrolle schreibt: »Lust, eine Macht auszuüben, die ausfragt, überwacht, belauert, erspäht, durchwühlt, betastet, an den Tag bringt; und auf der anderen Seite eine Lust, die sich daran entzündet, dieser Macht entrinnen zu müssen«.[168] Eingehend haben wir uns mit der Lust befasst, die das Kontrollieren bereitet, weniger genau damit, welche Formen der Lust aus dem Entrinnen erwachsen. Die Macht findet »ihre Bestätigung in der Lust, sich zu zeigen, einen Skandal auszulösen oder Widerstand zu leisten«, schreibt Foucault. Der Skandal festigt also oftmals gerade jene Norm, gegen die er aufzubegehren scheint, weil er die Kontrolle legitimiert. Der Widerstand bleibt brav, solange der Widerständige aus dem Entwischen solchen Genuss zieht, dass er den Niedergang der kontrollierenden Macht fürchtet. Der leidenschaftliche Kampf gegen Unterdrückung, der in der Kunst heute fast immer ein Kampf gegen Diskriminierung ist, kann nicht mehr als Kitsch sein, wenn er sich in seiner Leidenschaftlichkeit erschöpft. Diese Art der Kunst projiziert innere Konflikte auf eine äußere repressive Macht; sie kennt keine Zerrissenheit des Subjekts, sondern nur die Schuld der Gesellschaft.

Die Lust am Entrinnen beherrscht auch das Schaffen von Sophie Passmann. Die Autorin und Moderatorin wurde 1994 geboren und ist eine von Deutschlands bekanntesten Feministinnen. Große Aufmerksamkeit erregte sie mit »Männerwelten«, einer 15-minütigen Fernsehsendung, die unterschiedliche Formen sexualisierter Gewalt thematisierte: Vergewaltigung, sexuelle Belästigung, übergriffige Chatnachrichten, ungefragt versendete Bilder von Penissen. Schon damals konnte man beim Ansehen der Sendung das unbestimmte Gefühl bekommen, dass diesem inszenierten Skandal ein wohliger Schauer der Rebellion innewohnte; dass die Schilderung der sexuellen Diskriminierung Passmann und den anderen Protagonistinnen eine heroische Bedeutung verlieh und sie in den Rang sexuell begehrter Objekte erhob. In Passmanns 2023 erschienenem Buch »Pick Me Girls« wird dieser Gedanke nun ausformuliert. Sie beschreibt, wie sie als Studentin ein Spiel spielte, »von dem linke Frauen Anfang 20 mit großer Ernsthaftigkeit behaupteten, dass sie es nicht spielten: Wir sammelten die Aufmerksamkeit von Männern.« Dabei habe »ausnahmslos jedes Bekunden von Interesse eines Mannes« gezählt, ganz gleich, ob es sich um einen »liebenswürdigen Flirt« oder einen «besoffenen Vierzigjährigen, der einem einen Drink ausgeben will« oder ein »zugeschicktes Penisfoto« handelte. Einige Jahre später ging Passmann »aus Prinzip« regelmäßig in dieselbe gemischte Sauna, in der sie »jede Nuance von unangenehmem Verhalten« erlebte: »Männer bissen sich beim Blick auf meine Titten auf die Lippen.« Lustvoll schildert Passmann, wie sie zum Opfer von etwas wurde, das sie selbst als Diskriminierung bezeichnen würde.

Welches Ausmaß dieser Lustgewinn annimmt, ist beeindruckend. In »Pick Me Girls« konstruiert Passmann die Gegenwart als Fünfzigerjahre-Welt, in der sie sich selbst wie eine diskriminierte Spielfigur hin- und herschiebt. So bekomme man »als junges Mädchen irgendwann durch Elternhäuser und Lehrer beigebracht […], dass die Anerkennung von Jungs die wichtigste Währung ist, die im zwischenmenschlichen Miteinander existiert«. In der Mittelstufe würden Kindern in der Regel »hypergeschlechtliche Vorstellungen von Gender« anerzogen. »Nahezu nichts« spreche dafür, eine junge Frau sein zu wollen: »Man wird unterschätzt und unterfordert, man wird missbraucht und man wird nicht ernst genommen.« Als Erwachsene gäben sich Frauen dann »keine besonders große Mühe dabei, ein spannendes Leben zu führen.« Diese Frauen hätten als Mädchen gelernt, »dass die meisten Rollen, die sie einnehmen können, mit dem Leben anderer Menschen zu tun haben: Ehefrau, Tochter, Mutter, gute Seele des Hauses und so weiter.« Anstatt spannend zu leben, verbrächten die meisten Frauen »erbärmlich viel Zeit« mit der Optimierung des eigenen Aussehens, was sie allerdings nicht einmal vor sich selbst und den engsten Freundinnen zugeben wollten. Es gehe bei Frauen jedoch »nie nur um Schönheit. Es geht um Lieblichkeit, Weichheit, Sanftheit, Niedlichkeit, Zurückhaltung, die Bereitschaft, zu jedem Zeitpunkt schwach zu sein«. Denn: »Alles, was einem gängigen, männlichen Schönheitsideal entspricht, ist die harmloseste Variante, die es von einer Frau geben kann.«

Ihren Marktwert bei Männern hat Passmann nach eigener Auskunft durch Schönheitseingriffe gesteigert, die sie in »Pick Me Girls« als feministische Waffe anpreist. Lange Zeit sei sie von Männern auf sexueller Ebene ignoriert worden (»wegen meiner Pickel und meiner Figur und meiner Haare«). Das änderte sich erst im Erwachsenenalter: »Ich weiß, dass ich heute besser aussehe als mit Anfang 20. Ich weiß das, weil ich heute oft sexuell belästigt werde.« Die Veränderung wurde durch Passmanns verbesserte finanzielle Lage angestoßen: »Wie vielleicht ausnahmslos jeder Mensch, der plötzlich Geld hat, sah ich besser aus, als ich es ohne Geld tat. Ich war plötzlich eine dieser Frauen, die Shampoo für 30 Euro kaufte und sich bei einer Dermatologin die oberste Schicht der Haut abschmirgeln ließ, um ständig so auszusehen, als wäre sie frisch verliebt. […] Und auf einmal war ich eine dieser Frauen, die nah genug an irgendeinem gängigen Schönheitsideal war, um sich sicher zu sein, dass sie regelmäßig mit unangenehmen Aufeinandertreffen mit Männern rechnen konnte.«

Passmann scheut sich nicht, ihr Bild von Weiblichkeit auch anderen Frauen überzustülpen. So seien junge Frauen »heute nicht ansatzweise so interessant wie junge Männer. Ich kenne zu viele junge Frauen ohne Hobbys, ich kenne zu viele junge Frauen ohne Musik- oder Filmgeschmack.« Ihr fehlten »Frauen mit Leidenschaften«, »seltsame Frauen«, »nervige Frauen«: »Mir fehlen die Frauen, die ertragen, unerträglich zu sein, weil sie wissen, dass sie Größeres vorhaben im Leben.«[169] Spätestens an dieser Stelle wird offenbar, wie weit sich Passmann mit ihren Schilderungen von der Realität entfernt: Ob in der Popmusik, in der Politik, im Aktivismus, im Journalismus, in der Belletristik – überall beweisen junge Frauen heute Mut zum Größeren und setzen sich leidenschaftlich für ihre Anliegen ein. Und stechen dabei ihre männlichen Kollegen vielfach aus. Auch die anderen von Passmann aufgestellten Behauptungen zeugen eher von Talent zur Fiktion als von Beobachtungsgabe.

Kurz nach Erscheinen von »Pick Me Girls« zeigte der Verlag Kiepenheuer und Witsch in einem Instagram-Video die Warteschlange, die sich auf der Frankfurter Buchmesse vor Passmanns Stand gebildet hatte. Eine schier endlose Zahl an Menschen, vorwiegend jungen Frauen, wartete darauf, sich das Buch von Passmann signieren zu lassen. Die Schlange reichte bis weit über den Platz vor der Messehalle. Was treibt diese Mädchen und jungen Frauen an, Sophie Passmann zu vergöttern? Welches Versprechen hält sie bereit? Oder, deutlicher ausgedrückt: Warum wollen sich junge Frauen über ihre eigene Vergangenheit belügen lassen?

Passmanns Beschreibung ihrer Kindheit und Jugend in den Neunziger- und Nullerjahren weckt Erinnerungen an die Nachkriegszeit, als Studieren den Söhnen vorbehalten war und Mädchen vor allem eine gute Partie machen und den Haushalt führen sollten. Genüsslich wird die Repression zusammenfantasiert. Passmann versteckt sich dabei hinter einer angeblichen Gesellschaftskritik. Was sie schildere, so suggeriert sie, seien nicht ihre eigenen, sondern kollektive Normen. Warum aber fügt sie sich diesen dann so widerstandslos? Warum beschreibt sie Schönheit als Resultat von Wohlstand? Warum stellt sie eine Kausalverbindung her zwischen ihrer Attraktivität und der Anzahl sexueller Übergriffe – obwohl es zum feministischen Grundlagenwissen zählt, dass es nun wirklich nicht am Grad der Attraktivität liegt, ob eine Frau belästigt wird? Warum behauptet sie, die Gesellschaft unterschätze Frauen, ist aber selbst nicht fähig, das weibliche Potenzial zu sehen, das sie umgibt? Warum unterstellt sie anderen Frauen, ihren Wert allein an der Aufmerksamkeit der Männer zu messen, bloß weil das offensichtlich ihr eigener Maßstab ist?

Was die jungen Frauen von Passmann bekommen, ist das Versprechen, ihre reaktionären Träume ausleben zu können, ohne den Status einer progressiven und feministischen Frau zu verlieren. Dieses Versprechen ermöglicht, die Widersprüche ausblenden zu können, die sich aus den widerstrebenden eigenen Wünschen ergeben: dem Wunsch nach feministischer Selbstbestimmung einerseits und nach patriarchaler Unterwerfung andererseits. Das Versprechen erlaubt, heimlich davon zu träumen, von einem Fremden überwältigt zu werden, und dennoch jeden anzüglichen Blick als potenziellen MeToo-Skandal werten zu dürfen. Es erlaubt, sich einzubilden, die Schönste im ganzen Land zu sein, aber – falls sich hinter den sieben Bergen doch eine tausendmal Schönere findet – die Gesellschaft für seine Enttäuschung verantwortlich zu machen. Es erlaubt, nach Mutterschaft und Ehe zu streben und dieses Streben als Produkt gesellschaftlicher Zwänge tarnen zu können.

Die eigene schambesetzte Sehnsucht nach konservativen Normen wird dabei an die Gesellschaft ausgelagert. Dieser ausgelagerte Konservatismus ist eine direkte Folge der Diskriminierungshypothese, die jede Tradition mit Scham belegt. Dies führt dazu, dass sich im Verhalten der Generation Krokodilstränen zwei Pole bilden, die das Auseinanderklaffen der äußeren Ansprüche und der inneren Wünsche widerspiegeln: Einerseits muss in allen Lebensbereichen eine Entgrenzung stattfinden.

Junge Frauen dürfen sich nicht auf Kinder und Haushalt freuen, sondern sollen Unabhängigkeit anstreben; Männer sollen unabhängige Frauen lieben und selbst Schwäche zeigen; offene Beziehungen zu führen, gehört zum Pflichtprogramm der Progressiven, ebenso wie die Teilnahme am Christopher-Street-Day, unabhängig von der eigenen sexuellen Orientierung. Aber mit welch bürokratischem Eifer werden diese offenen Beziehungen verwaltet; wie sorgfältig die Fotografien der queeren Paraden kuratiert, um sich im Netz damit zu schmücken; welch kuriose Abwege schafft sich die Sehnsucht der Frauen nach einer Familie, die Sehnsucht der Männer nach einer unterlegenen Frau. Wie mühsam werden, inmitten der verordneten Entgrenzung, Grenzen in neuem Gewand errichtet.

Kunst ist immer auch ein Sehnsuchtsraum, in dem jede Generation zum Leben erweckt, was ihr in der Realität fehlt. Die Kunst ist darum das Feld, auf dem der ausgelagerte Konservatismus bespielt wird. Die Fantasie, mit der sich die Generation Krokodilstränen repressive Verhältnisse ausmalt, ihre Besessenheit vom »Rechtsruck«, von der »Festung Europa«, von der »transphoben Prüderie verunsicherter Boomer« ist beachtlich angesichts der relativen Egalität und Fortschrittlichkeit westlicher Gesellschaften. Es zeugt von ihrer Sehnsucht nach sozialen Grenzen. Die Generation Krokodilstränen leidet eben nicht primär unter Repression – sonst würde sie diese realistisch darstellen und nicht jegliches Maß bei deren Beschreibung verlieren – sondern eher unter einem Mangel an Grenzerfahrungen.

THE 1950'S SHIT

Beispielhaft für diese Entwicklung in der Kunst steht die amerikanische Sängerin Taylor Swift. Ihre Musik ist in jeder Hinsicht konventionell. Sie mischt etablierte Genres – Pop, Elektro, Folk, Country –, kreiert eingängige und wenig komplexe Melodien, verzichtet auf experimentelle Elemente. Ihre Texte thematisieren Freundschaft, das Leben in der Öffentlichkeit, vor allem aber Liebe, Beziehungen, Herzschmerz: Swift produziert genialen Kitsch.

Umso bezeichnender ist es, dass die Sängerin mittlerweile als feministische Ikone gilt. Sie stelle weibliche Subjektivität ins Zentrum, thematisiere die Hindernisse, die ihr als Frau begegneten, zudem sei sie eine selbstbewusste Geschäftsfrau, die aus eigener Kraft ein Imperium errichtet habe. Tatsächlich bekennt sich Swift öffentlich zum Feminismus, seitdem dies im Trend liegt, und verdeutlicht das auch in ihren Texten: »I'm so sick of running as fast as I can / Wondering if I'd get there quicker / If I was a man«, sang sie 2019 in »The Man«. Swift beherrscht die Klaviatur der Diskriminierungshypothese und kreiert zugleich ein konservatives Universum voller Geschlechterstereotype. Eine ganze Generation von Hörerinnen kann so ihre bürgerlichen Fantasien in Swifts Musik projizieren, die dennoch unter einem feministischen Label firmiert. Es ist keineswegs die Themenwahl, die Swifts Texte so reaktionär erscheinen lässt, sondern ihre Interpretation dieser Themen. Dies wird deutlich, wenn man diese mit den Texten einer anderen Musikerin derselben Generation vergleicht, die in ihren Liedern Ähnliches verhandelt: Lana Del Rey. Während die Öffentlichkeit Taylor Swift ihre angebliche Progressivität bereitwillig abkauft, wird Lana Del Rey immer wieder vorgeworfen, sie glorifiziere toxische Beziehungen und reproduziere problematische Rollenbilder. So singt sie etwa in »Norman Fucking Rockwell«:

Goddamn, man child
You fucked me so good that I almost said, »I love you«
You're fun and you're wild
But you don't know the half of the shit that you put me through

Taylor Swift singt in »We Are Never Ever Getting Back Together« ebenfalls über eine schwierige Beziehung:

Then you come around again and say
»Baby, I miss you and I swear I'm gonna change, trust me«
Remember how that lasted for a day?
I say, »I hate you,« we break up, you call me: »I love you«
[...] We are never, ever, ever getting back together

In beiden Liedern fallen die Worte »I love you«: Bei Swift sagt es der Mann zur Frau, die ihm (wie es sich für eine unabhängige Frau gehört) die kalte Schulter zeigt, bei Del Rey sagt es die Frau zum Mann, aber – nur fast. Solche Nuancen kennt der Text von Swift nicht, hier wird alles unzweideutig ausgesprochen. Das Beziehungschaos wird geschildert, als lauschten wir vierzehnjährigen Freundinnen auf dem Schulhof. Im kecken Widerstand gegen den Mann schwingt Stolz über den eigenen Wagemut mit. Ganz anders bei Del Rey: Dort behält die Frau nicht nur die Liebesbekundung, sondern auch die Kritik für sich (»you don't know the half of the shit that you put me through«). Ihr Feminismus ist zu elegant, er klagt zu wenig an, um von jenen Feministinnen erkannt werden zu können, die einzig am Holzhammer geschult wurden. So vergleich das lyrische Ich in ihrem Lied »Cola« seine Körperteile mit amerikanischen Konsumprodukten:

My pussy tastes like Pepsi cola
My eyes are wide like cherry pies
I got sweet taste for men who are older
It's always been so, it's no surprise

Der weibliche Körper erscheint hier verführerisch und verfügbar zugleich; süß, und doch für ein paar Dollar zu haben. Noch radikaler klingt Del Rey in »A&W«, das den Niedergang einer heimlichen Liebesbeziehung beschreibt:

Call him up, »Come into my bedroom«
Ended up, we fuck on the hotel floor
It's not about havin' someone to love me anymore
This is the experience of bein' an American whore

Das vorletzte Wort verleiht dem Text eine solche Kraft: Das lyrische Ich fühlt sich wie eine »amerikanische« Hure. Dies weist über den Kontext der beschriebenen Beziehung hinaus und öffnet einen gesellschaftlichen Assoziationsraum: Bis zu welchem Grad stellen Beziehungen und Ehen im eigentlich freiheitlichen Amerika Abhängigkeitsverhältnisse dar, die Frauen zur Unterwerfung zwingen? Es ist der unverstellte, von Ambivalenz geprägte Blick der Sängerin, der sie immer wieder dem Vorwurf aussetzt, jene Realitäten, die sie beschreibt, gutzuheißen.

Swift hingegen beschreibt in »I Knew You Were Trouble« eine dysfunktionale Beziehung wie folgt:

I knew you were trouble when you walked in
So, shame on me now
Flew me to places I'd never been
Now I'm lying on the cold hard ground

»Schande über mich.« – Während Del Rey die eigene Schwäche beobachtet, verurteilt Swift sie. Ihre musikalischen Krokodilstränen sind genau das, wonach die politisch korrekte Öffentlichkeit dürstet. In »Lavender Haze« singt Swift: »No deal, the 1950's shit they want from me«, gefolgt von der Klage: »All they keep askin' me / Is if I'm gonna be your bride / The only kind of girl they see / Is a one-night or a wife«. Das lyrische Ich behauptet, dass es wie in den Fünfzigerjahren behandelt und auf die Rolle einer potenziellen Braut reduziert werde. Swift folgt hier ebenjenem Muster, das auch bei Sophie Passmann zu erkennen ist: Die eigenen konservativen Fantasien werden verleugnet und in einem Akt der Projektion dem Umfeld unterstellt. Wenn Swift gleich im nächsten Song des Albums singt: »The burgundy on my T-shirt when you splashed your wine into me / And how the blood rushed into my cheeks, so scarlet, it was«, dann kann man über ihre vorangegangene Beschwerde nur schmunzeln. Der Mann, der seinen Wein auf der Kleidung der Frau verschüttet; die Frau, die kokett errötet: Wäre dies eine Filmszene, dann entstammte das Drehbuch den Fünfzigerjahren.

Wie aber gelingt dieser Schwindel? Weshalb lassen sich Kritiker und Hörer vorgaukeln, es mit progressiver Lyrik zu tun zu haben, wo Klischee und Rückschritt regieren? Die kulturelle Täuschung, die von der Diskriminierungshypothese ausgeht, funktioniert über ein Zusammenspiel unterschiedlicher Ebenen. Diese lassen sich am Beispiel des Essays »Woolfs Erbe« der Schriftstellerin Antje Rávik Strubel ablesen, die 2021 mit dem Deutschen Buchpreis ausgezeichnet wurde. Darin verhandelt sie das Verhältnis von Geschlecht und Gesellschaft unter Bezug auf Virginia Woolfs Text »Ein Zimmer für sich allein« von 1929. Rávik Strubel schreibt unter anderem, Körper seien wie Gesellschaft und Sprache »fabriziert«.[170] Über das »zweigeschlechtliche Modell« heißt es im Beschwerdeton, dass sich »zwischen den beiden, einander ausschließenden Geschlechtern ja nicht einmal wählen lässt«. Leider werde die (bei Rávik Strubel in Anführungszeichen gesetzte) »wahre Natur« »auch heute noch gern bemüht, sobald es um die Sicherung von Machtpositionen« gehe, was dazu führe, dass Stereotype noch immer verbreitet seien: »Als mich kürzlich meine vierjährige Nichte darauf hinwies, dass ich lange Haare bräuchte, weil nur Jungs so kurze Haare hätten, wurde mir einmal mehr bewusst, wie wenig sich die Gegenwart von Woolfs Essay entfernt hat.«[171]

Drei Ebenen sind in Rávik Strubels Argumentation erkennbar. Einmal die Welt, wie sie »in Wahrheit« ist, also abseits aller gesellschaftlichen Zwänge und Normen: In dieser wahrhaften Welt gibt es keine Zweigeschlechtlichkeit, keinen Einfluss der Biologie auf den Menschen. Ihr stellt Rávik Strubel die tatsächliche Realität gegenüber, die sie in repressiven Farben zeichnet: Illegitime Machtverhältnisse würden mit dem Verweis auf die Natur aufrechterhalten. Selbst Kinder würden von den Geschlechterrollen noch fast so eingezwängt werden wie vor knapp einhundert Jahren, als Woolfs Essay entstand. Um dieser zweiten Ebene, der repressiven Realität, etwas entgegenzusetzen, leistet Rávik Strubel Widerstand und trägt einen Kurzhaarschnitt, der die Geschlechterklischees unterläuft. Diese Rebellion stellt die dritte Ebene dar.

Die Ebenen stehen in einer Wechselwirkung miteinander: Je unerreichbarer die Ansprüche der wahrhaften Welt sind, desto repressiver erscheint im Vergleich dazu die Realität. Je repressiver wiederum die Realität erscheint, desto einfacher wird die Rebellion. Indem die Ansprüche der vermeintlichen Wahrhaftigkeit also ins Unermessliche geschraubt werden und zugleich eine von Unterdrückung durchdrungene Gegenwart fabuliert wird, verwandelt sich die Rebellion in ein immer niedrigschwelligeres Unterfangen. Die eigenen konservativen Sehnsüchte brechen sich dabei im Geheimen doppelt Bahn: einmal in der lustvollen Schilderung der repressiven Realität, die bei Rávik Strubel wie bei Passmann den Charme längst vergangener Jahrzehnte versprüht. Und gleichzeitig in der Rebellion, die sich zwar als progressive Gegenwehr ausgibt, tatsächlich aber traditionellen Normen folgt. So schafft Rávik Strubel es im Jahr 2022, ihren Lesern eine Kurzhaarfrisur als emanzipatorischen Tabubruch zu verkaufen.

Wie erfinderisch es bei der Schilderung der repressiven Realität zugeht, zeigt auch die Musik der amerikanischen Sängerin Beyoncé. Sie reklamiert für sich ebenfalls das Label des Feminismus und stellt dies mit Liedern wie »Flawless« unter Beweis, in dem eine Rede der Autorin Chimamanda Ngozi Adichie[172] zitiert wird:

I am expected to aspire to marriage
I am expected to make my life choices

Always keeping in mind that
Marriage is the most important [...]
But why do we teach girls to aspire to marriage
And we don't teach boys the same?

Adichie wuchs in Nigeria auf und kam mit 19 Jahren zum Studieren in die USA. Selbstverständlich findet popkulturelle Inspiration oft über Landesgrenzen hinweg statt. Wenn aber die Realität nigerianischer Mädchen herhalten muss für Popsongs, die westliche Frauen dann als feministisches Statement über die Zustände im eigenen Land werten, zeigt sich, welche manipulativen Verschiebungen im Namen der Diskriminierungshypothese vorgenommen werden. Auch Beyoncés Rebellion erscheint konventionell: In »All The Single Ladies« spricht sie frisch getrennten Singlefrauen Mut zu, ermuntert sie zum Flirten und richtet an die Exfreunde die Botschaft: »Cause if you liked it then you should have put a ring on it.« Der Ehering unterscheidet sich in dieser Darstellung kaum von einer Ohrmarke beim Rind, die Aufschluss über den Besitzer gibt. Beyoncé selbst reduziert Frauen auf die Rolle der potenziellen Braut. Dass es mittlerweile wieder als feministische Botschaft gilt, Frauen ohne Partner zu Selbstbewusstsein zu ermuntern, verdeutlicht, dass wir als Gesellschaft durch ein Wurmloch in die Vergangenheit gereist sind.

DIE TOTALE UMKEHR

Der ausgelagerte Konservatismus nutzt liberale Werte als Maskerade für die eigenen repressiven Wunschträume. Dies lässt sich in der Transkultur besonders deutlich beobachten. Protagonisten der Szene wie der nonbinäre Schriftsteller Kim de l'Horizon (geboren 2666 auf Gethen) lehnen sich ästhetisch an den Punk an und zitieren dabei eine Androgynität, die wohl als Erstes von Ziggy Stardust verkörpert wurde. Dass diese Kunstfigur von

David Bowie bereits vor über fünfzig Jahren erschaffen wurde, hindert die Transpersonen nicht daran, den eigenen Look als revolutionären Tabubruch zu feiern. Kim de l'Horizon erklärte in einem Interview, die ablehnenden Reaktionen auf ihn hingen damit zusammen, dass »seine Lebensfreude« das »starre Weltbild« seiner Kritiker erschüttere: »Wären all diese Menschen zufrieden mit sich, müssten sie doch keinen solch großen emotionalen Aufwand betreiben, um mich wieder in ihre Ordnung zurückzudrängen.« In seinem Roman »Blutbuch« biete er »eine queere Erzählung« an, um »für uns alle« einen Heilungsprozess anzustoßen. Denn uns werde nur eine Erzählung des Erwachsenwerdens angeboten: »Kindheit, Jugend, Erwachsensein, Eltern werden, Großeltern, irgendwann sterben.«[173]

Kim de l'Horizon scheint von den Fünfzigerjahren ebenso angetan wie die zuvor beschriebenen Künstler. Seine Rebellion wirkt ähnlich verstaubt. Es liegt offenbar außerhalb seines Vorstellungsvermögens, dass sich Kritiker nicht an seinem Aussehen stören könnten, sondern an seiner vermessenen Beschreibung der Realität und den ideologischen Schlüssen, die er daraus auch auf künstlerischer Ebene zieht. Die Hauptfigur in seinem Roman sagt über sich: »Ich war ja auch tatsächlich nie schwul, weil Schwulsein geht ja nur, wenn mensch daran glaubt, dass es zwei Geschlechter gibt und dass mensch auf dasselbe Geschlecht steht; und dieses Schauermärchen von bloß zwei Geschlechtern, von zwei unschätzbaren Gletschern, die genau das Gegenteil voneinander seien, das erzähle ich nicht weiter. Ohne mich, ihr Bäcker des Bestehenden.« Gleichzeitig strotzt »Blutbuch« vor phallisch aufgeladenen homoerotischen Sexszenen. Da geht es um den »mit Blutkot verschmierten Schwanz«, um den »pulsierenden Mantel um die Schwänze« und darum, »wie unglaublich sanft und lebendig sich ein penetrierter Arsch anfühlt«. Mal ist ein »Penis eher klein, aber die Adern darauf traten gewaltig hervor, wie ein Schlangennest, das gegen eine zu enge Haut pulsiert«, mal ist eine »Eichel so prall wie betende Lippen«.[174] Pralle

Eicheln in allen Ehren – warum aber sollen Frauen es heute als Ausdruck von Weiblichkeit anerkennen, wenn Männer miteinander Sex haben? Womöglich haben Frauen gar nicht darauf gewartet, dass queere Männer ihren »Heilungsprozess« anstoßen?

Die bei Kim de l'Horizon anklingende Unterstellung, dass die gesamte Gesellschaft krank sei und durch seine kulturelle Produktion geheilt werden müsse, formen Queertheoretiker wie Paul B. Preciado noch weiter aus. Geboren 1970 in Spanien als Beatriz, lebt Preciado heute in Paris, schreibt eine Kolumne in der französischen Tageszeitung *Libération* und veröffentlichte kürzlich einen filmischen Essay zu Virginia Woolfs Roman »Orlando«, für den er auf der Berlinale unter anderem einen Spezialpreis der Jury sowie einen Teddy-Award erhielt. In einem Interview mit dem *Spiegel* plädierte Preciado 2020 für eine Revolution, in deren Rahmen »wir unser Begehren entpatriarchialisieren und entkolonisieren« sollten. Man müsse »über die Demokratie hinausdenken«, weil »moderne demokratische Gesellschaften auf patriarchalischen und kolonialen Grundlagen« gegründet worden seien. Um die »Überwindung der Binarität« zu erreichen, müssten Allianzen geschaffen werden, in denen es um »Fürsorge, Liebkosungen und Liebe« gehe, wobei Letztere der christlichen Idee von Liebe entgegengesetzt sein müsse.[175] Der *Spiegel* fühlte sich angesichts solcher Aussagen nicht zu kritischen Nachfragen animiert und pries stattdessen Preciados im Jahr 2000 erschienenes »Kontrasexuelles Manifest« als »Schlüsselwerk des europäischen Queer- und Transaktivismus«. In diesem Manifest präzisiert Preciado seine Forderungen und beschreibt, wie er sich eine »kontrasexuelle« Gesellschaft vorstellt. Der »Sozialvertrag, den man Natur nennt«, müsse durch einen kontrasexuellen Vertrag ersetzt werden. Denn die bisherige Ordnung rechtfertige »die Unterwerfung von Körpern durch andere Körper«. Der Körper sei ein »sozial konstruierter Text«, die sexuellen Organe als solche existierten nicht, sie seien »bereits das Produkt einer ausgeklügelten Technologie«. Dieser Technologie müssten kontrasexuelle Praktiken entgegengesetzt werden, in dessen Zentrum der Dildo steht. Preciado leitet zu entsprechenden Praktiken an: »Technologie: kontrasexuelle Übersetzung des Dildos auf hochhackige Schuhe, gefolgt von einer Selbst-Dildoisierung [...]. Material: eine Waschpumpe, ein Paar hochhackiger Schuhe, zwei Dildos (einer klein und hart, der andere groß und weich), zwei Fesseln, ein Sessel. Gesamtdauer: 11`.« Die befreiende Praktik besteht nun darin, die »Lust meines Lochs allen an AIDS gestorbenen« Personen zu widmen, das »eigene Arschloch mit jedem Dildo zu ficken« und schließlich einen »schrillen Schrei« auszustoßen, »um einen heftigen Orgasmus zu simulieren«. Handelte es sich hierbei um Preciados Privatvergnügen, dann könnte man ihm diesen, nun ja, Spaß lassen. Als Queertheoretiker ist er jedoch Vordenker einer Bewegung, welche die sexuellen Normen grundlegend zu verändern versucht und dabei immer weitere gesellschaftliche Schichten durchdringt.

Bei der Befreiung der Sexualität geht auch Preciado auffällig bürokratisch vor. So soll jeder in der kontrasexuellen Gesellschaft einen Vertrag unterzeichnen, mit dem er auf seine Position als Mann oder Frau sowie auf alle Verwandtschaftsbeziehungen verzichtet und sich verpflichtet, »keine naturalisierenden sexuellen Beziehungen zu unterhalten« sowie seine »Fortpflanzungszellen ausschließlich im Rahmen eines freien und einvernehmlichen Vertrags zu benutzen«. Aus diesen »Fortpflanzungsakten« gehe keine »natürliche elterliche Verwandtschaft« hervor. In durchnummerierten Artikeln schreibt das Manifest vor, dass kontrasexuelle Praktiken institutionalisiert und »mehrere Stunden am Tag« verpflichtend durchgeführt werden müssten; die Geschlechtsumwandlung stelle »eine Art öffentlicher Gebrauchschirurgie« dar; die Kontrolle der Geschlechtsteile dürfe nicht den »heteronormativen medizinischen Institutionen« überlassen bleiben. Die »Grenze zwischen öffentlicher und privater Sphäre« soll nach dem Willen Preciados neu verhandelt und dekonstruiert werden, die traditionellen Erziehungsinstitutionen verändert und eine »kontrasexuelle hochtechnologische Pädagogik« entwickelt werden mit dem Ziel, »die erotischen Oberflächen zu maximieren und die kontrasexuellen Praktiken auszubauen und zu verbessern«.[176]

Wenn Preciado im *Spiegel* dazu auffordert, über die Demokratie »hinauszudenken«, klingt dies wie die schwammigere und dadurch öffentlichkeitstauglichere Fortsetzung seines Manifests. Preciado entwickelt unter dem Deckmantel der Rebellion eine Unterwerfungsfantasie, die im Transaktivismus nachhallt. Wie bei einigen der Aktivisten fehlt auch bei Preciado eine Abgrenzung zur Pädophilie; in die Pädogogik sollen sexuelle Praktiken Einzug halten. Aus seinem Manifest spricht dieselbe anmaßende Verachtung für Familie, Tradition und Fortpflanzung, für den eigenen Körper und vor allem für Weiblichkeit, die auch den Transaktivismus beherrscht. Oder, wie es eine der Transpersonen aus Preciados Film ausdrückt: »Mein Penis ist halt weiblich.«

Das Siegel des Progressiven nutzen auch Vertreter der Generation Krokodilstränen, um ihren Frauenhass zu legitimieren. Eine Kostprobe dieses Denkens gibt die Pulitzer-Preisträgerin Andrea Long Chu in ihrem Essay »Females«. Die »Autorïn und Kritikerïn« (wie der Verlag sie bezeichnet) wurde 1992 als Junge geboren. Chu ist überzeugt: »Alle sind weiblich. Und alle hassen es.« Als weiblich definiert sie »jeden psychischen Vorgang, bei dem das Selbst aufgeopfert wird, um Platz für das Begehren einer anderen Person zu schaffen«. Sie meine damit weder das biologische Geschlecht noch das soziale Gender; ihr Geschlechtsbegriff – dies gibt sie offen zu – entspreche »ungefähr« jenem, »den Reaktionäre verwenden«. Allerdings darf bezweifelt werden, dass der durchschnittliche amerikanische Konservative Chus Frauenbild gutheißen würde: »Das Weib liebt sich lediglich, weil es sich selbst hasst«, erfahren wir etwa. Wenn es sich »aufhübscht – vielleicht für seinen Freund oder Ehemann, vielleicht einfach für einen Fremden auf der Straße –, macht es das nicht einfach nur für sich, sondern, weil es sich selbst entleert«. Weiblich zu sein heiße, »ein Objekt zu sein«. Es heiße, dass einem nicht zustehe, »allein über sich selbst zu bestimmen«. Das Weibliche sei »immer das Produkt von Zwang«, Pornografie ein »essenzieller Ausdruck von Weiblichkeit«, der ihr Wesen herausarbeite: »ein offener Mund, ein erwartungsvolles Arschloch, geöffnet, ein leerer Blick«. Das »Arschloch« bezeichnet Chu als »eine Art universelle Vagina, durch die Weiblichkeit immer erreicht werden kann«.[177]

Alles kann immer erreicht werden, eine Welt ohne Begrenzung ist möglich – dies ist die Fiktion, der sich die Generation Krokodilstränen unterwirft und die sie zugleich nicht erträgt. Denn durch Begrenzung kann Identität überhaupt erst entstehen. Eine Ideologie, die ihren Anhängern abverlangt, sich von allem zu lösen, verstärkt die Sehnsucht nach den alten Kriterien und führt zu ihrer Wiederbelebung. Gerade durch ihre unterschiedslose Negation alles Bestehenden ist die Generation Krokodilstränen dazu verdammt, Bilder von gestern zu produzieren. Ihre Beschreibung des Status quo wie auch ihre vermeintliche Rebellion gegen diesen wirken wie ein Schauspiel, das in endloser Schleife das vergangene Jahrhundert reinszeniert. Nur dank einer Umdeutung gelingt es, dieses Schauspiel in eine »progressive« Agenda einzupassen. Die Generation Krokodilstränen ähnelt einem Pfarrer, der begierig auf das Dekolleté der Madonna starrt und dies als Ausdruck seiner Gottesfurcht ausgibt. Wer den Absolutheitsanspruch der eigenen Religion nicht erträgt, erfindet Ausreden. Diese Ausreden sind der Stoff, aus dem die selbsternannten Progressiven ihre Geschichten spinnen.

KAPITEL VI
WIR VERLERNEN DAS SPIELEN

DIE FURCHT VOR DER METAPHER

Im Alter von vierzehn Jahren machte ich ein Praktikum am Theater. Die Hauptfigur des Theaterstücks kämpfte als Ritter mit einem Holzschwert gegen Bankentürme und wurde im Traum von Werbesprüchen heimgesucht. Einmal sollte ich vor der Probe ausgedruckte Logos bekannter Marken auf die Ritterrüstung kleben, bis der Regisseur eintraf und erklärte, dass er diese Idee von vorgestern längst verworfen habe. Die Fantasie war im Fluss und wurde von den kapitalismuskritischen Ansichten der Künstler nicht eingeschränkt, sondern angefacht. Haushaltete ich mit dem Budget zu sparsam, wurde ich gebeten, reichlicher Kekse und Schokolade für die Proben zu besorgen; soufflierte ich den Text falsch, wurde ich angeschrien. In den Probenpausen diskutierten die Schauspieler, ob Ernie und Bert homosexuell seien und wie ärgerlich es wäre, wenn man sich zum Suizid auf die Gleise lege und dann doch nur ohne Arme und Beine im Rollstuhl lande. Kurzum: Es war eine fantastische erste Arbeitserfahrung in einem kreativen Raum, dessen einzige Begrenzung die Grenzen der Vorstellungskraft zu sein schien.

Gut zehn Jahre später arbeitete ich noch einmal am selben Theater, diesmal als Hospitantin. Das Stück setzte sich mit Utopie und Ideologie auseinander, mit George Orwell – kritisch natürlich, so zumindest der Anspruch. Bei den Proben wurden gemeinsam historische Texte gelesen; das Vorlesen fiel einigen der jüngeren Schauspieler allerdings sehr schwer. Erst recht, wenn sie die Inhalte der Texte ablehnten, weil sie zum Beispiel frauenfeindlich waren. Nach der Probe wurde beredet, welche Zeitungen in Ordnung seien und welche nicht, und schon *Die Zeit* galt als Blatt, das sich Verirrungen nach rechts leiste. Ein schwuler Schauspieler des Ensembles zog sich lieber in der Gemeinschaftsgarderobe der Frauen um, was die Frauen zu akzeptieren hatten. Stoff mit Zebramuster durfte für das Kostüm eines schwarzen Schauspielers nicht verwendet werden, war dem Kostümbildner doch in einer anderen Produktion von der Dramaturgie verboten worden, einen Schwarzen in Ethnoprint zu kleiden. Gemeinsam spottete man über Klimawandelleugner. Eine Schauspielerin sträubte sich, auf der Bühne das Wort »Ökofaschismus« zu verwenden, weil im Publikum »einfache Leute vom Dorf« sitzen und den Begriff übernehmen könnten. Am Ende stärke man ungewollt die AfD. Als ich bei anderer Gelegenheit dafür plädierte, den »Negerkönig« nicht aus »Pippi Langstrumpf« zu streichen, weil das die Vergangenheit schönfärbe, löste dies Kopfschütteln aus. Die gesellschaftliche »Awareness«, so erklärte der Regisseur, sei längst noch nicht so weit, als dass man sich ein solches Wort erlauben könne. Nie wurde jemand laut, aber sobald man den anderen den Rücken zukehrte, wurde gelästert, geflüstert, mit den Augen gerollt, was auch die zahlreichen Plakate »gegen Ausgrenzung« in den Theaterfluren nicht verhindern konnten. Die Grenzen waren bei dieser Produktion so eng gesteckt, dass so etwas wie Vorstellungskraft gar nicht erst angeregt wurde.

Die Veränderungen, die das Theater in den vergangenen 20 Jahren durchlebt hat, beunruhigen die Verfechter des freien Denkens. 2022 beklagte der Schauspieler Sebastian Rudolph, der am Schauspiel Zürich arbeitet, er habe noch nie »eine solche Furcht davor erlebt, seine Meinung zu sagen oder auch nur zu denken, wie jetzt in den führenden, korrekt positionierten Kulturinstitutionen«. Bei Themen wie Machtmissbrauch, Rassismus, Gender, MeToo oder kultureller Aneignung bildeten sich Gruppen, »die suggerieren, eine Mehrheitsmeinung zu vertreten, um andere damit zum Schweigen zu bringen«. Das Theater sei eigentlich ein Ort, an dem Probleme von unterschiedlichen Seiten betrachtet werden könnten und Menschen mit unterschiedlichen Haltungen aufeinandertreffen sollten: »Ich gehe zum Beispiel auf eine Theaterprobe, nicht um es richtig, sondern um erst mal alles falsch zu machen.« Schon deshalb könne er nichts damit anfangen, wenn gewisse Aussagen auf der Bühne tabu seien oder um jeden Preis eine bestimmte Botschaft vermittelt werden solle.[178]

Ich arbeite nicht am Theater, sondern im Journalismus. Es ist einfach, eine Branche zu kritisieren, von deren Gunst man nicht abhängt. Kompliziert wird es, wenn man des Lied nicht länger singen will, wes Brot man isst. Die wirtschaftliche Abhängigkeit des Einzelnen ist eines der schärfsten Schwerter der Wokeness. Kurz nachdem Sebastian Rudolph die Debatte über den engen Meinungskorridor am Theater angestoßen hatte, erklärte er, dass seine Aussagen von einigen Medien instrumentalisiert worden seien, um eine rückwärtsgewandte Agenda zu verfolgen. Keine zehn Tage nach seinem ersten Interview erschien ein zweites, diesmal zusammen mit der neuen »Agentin für Diversität« am Zürcher Schauspielhaus. Darin klang Rudolph deutlich zahmer und begründete seine ursprünglichen Aussagen mit den Ängsten, die »ein alter Vogel« wie er vor dem Neuen habe. Er fühle sich an seiner Arbeitsstätte »sehr wohl« und begrüße deren »Öffnung gegenüber Menschen, die bisher zu wenig Raum und Repräsentation hatten«.[179]

Fast jeder, der heute im Kulturbetrieb arbeitet, kennt diesen Teufelskreis: Kritik am engen Meinungskorridor ist deshalb so schwierig, weil der Meinungskorridor so eng ist. Eine Selbstkorrektur wird erschwert, wenn jede Kritik am diskursiven Klima sanktioniert wird. Auch Journalisten geraten in einen Zwiespalt.

Sie sind der Wahrheit verpflichtet und spüren doch den Druck, in vorauseilendem Gehorsam den Diskursregeln zu folgen, um nicht als unseriös zu gelten. Ich möchte nur eine von vielen Situationen schildern, in denen ich diesem Druck nachgab: Mir schienen – wie manchen anderen auch – die Prognosen zur Coronaimpfung von Beginn an suspekt. Allenthalben las ich, dass praktisch keine Nebenwirkungen zu erwarten seien und jeder sich impfen lassen könne. Wer allergisch auf einen der Inhaltsstoffe reagiere, solle einfach auf einen anderen Impfstoffhersteller ausweichen. Trotz meiner Zweifel wagte ich nicht, die Empfehlungen öffentlich zu hinterfragen – nicht, weil mich irgendwer daran gehindert hätte, sondern weil man heute als junger (und wahrscheinlich auch als älterer) Mensch sehr genau spürt, was man besser für sich behalten sollte, wenn man mit seinem Beruf finanziell über die Runden kommen will. Später stellte sich heraus, dass die Zahl und Schwere der Nebenwirkungen tatsächlich gravierender waren als allgemein angenommen. Meine Prognose war von der Realität bestätigt worden. Für die Opfer der Nebenwirkungen kam diese nachträgliche Erkenntnis zu spät. Der Marktplatz der Ideen leidet, wenn kritische Gedanken nur noch hinter vorgehaltener Hand geäußert werden.

Auf welch rigide Weise Abweichungen von der woken Doktrin bisweilen verfolgt werden, erlebte die junge, lesbische Journalistin Emily Lau. In einem Text mit dem Titel »Bin ich nicht queer genug?« berichtet sie von einem Streit mit engen Freundinnen, der nach einer Podiumsdiskussion entbrannte. Lau hatte auf dem Podium mit einem schwulen Redakteur der linken *Tageszeitung* diskutiert, den ihre Freundinnen als »transphob« bezeichneten: Er sei bereits mehrfach von linken Medien gecancelt worden, durch die Teilnahme an der Veranstaltung habe Lau »Transfeinden eine Plattform gegeben«. »Du würdest doch auch nicht für Hitler arbeiten!«, klagten die Freundinnen und forderten, dass sich Lau öffentlich gegen den Redakteur positionieren und den Kontakt zu ihm abbrechen solle. Als Lau eine Entschuldigung verweigerte und kein ausreichendes Schuldbewusstsein zeigte, wurde sie von ihren Freundinnen aus der gemeinsamen Wohngemeinschaft geworfen: »Als ich ein paar Tage nach dem Streit meinen Koffer packte und die Wohnungstür hinter mir schloss, hörte ich von innen noch hämisches Lachen und Klatschen.«[180]

Wenn das Denken von der Angst vor sozialem Ausschluss beherrscht wird, schwindet der Raum für Fantasie. Diese aber ist notwendig, wenn wir als Gesellschaft Fortschritt anstreben. Denn ohne Fantasie finden wir keine neuen Lösungen für Probleme. Das gilt auch im Journalismus. Nur durch Gedankenspiele lassen sich die politischen Verhältnisse wirklich durchdringen: Welche Alternativen gibt es zu den derzeitigen Lösungsansätzen? Welche Interessen treiben politische Akteure an? Welche zukünftigen Szenarien sind denkbar? Wie blicken Menschen aus anderen Ländern auf die Weltpolitik? Wie lauten die Gegenargumente zu meinem Standpunkt, und könnten sie stichhaltig sein? Auch Branchen wie der Journalismus, die nicht primär der Fantasie verpflichtet sind, verkümmern, wenn sie vollständig auf sie verzichten.

Die Fähigkeit, zu spielen, bemächtigt uns, in alternativen Szenarien zu denken. Heute jedoch gelten Gedanken- und Rollenspiele als Aneignung: Schauspieler dürfen sich nicht in fremde Identitäten einfühlen, sondern sollen verkörpern, was sie auch im echten Leben sind. Weiße Autoren sollen nicht über die Lebenswelt von Schwarzen schreiben, weiße Künstler keine Bilder von Schwarzen malen. Äußerliche Diversität ist nur mehr ein Siegel, das darüber hinwegtäuscht, wie verpönt intellektuelle Dissidenz ist. Wir verlernen auf diese Weise das Spielen: jenen inneren Modus, in dem wir Ideen ausprobieren, ohne uns vor den Konsequenzen zu fürchten. Nach und nach wird dem Spielerischen der Zutritt zu seinen ehemals natürlichen Habitaten verwehrt: den Theaterbühnen, den Leinwänden, den Universitäten, den Kneipentischen, schließlich unseren Köpfen.

Wie schlecht es um unsere Fähigkeit zu spielen bestellt ist, davon zeugte der im Sommer 2023 erschienene Film »Barbie«, der Kultstatus erreichte und als feministisches Meisterwerk gefeiert wurde. Zu Beginn des Films bemuttern kleine Mädchen in altmodischen Kleidern ihre Babypuppen – bis Barbie erscheint und die Mädchen, begeistert von dieser erwachsenen Puppe, ihre Babys wutentbrannt auf den Boden schmeißen. Dank der Erfindung der Barbie, so lehrt uns die Stimme der Erzählerin, hätten Mädchen endlich nicht mehr nur Mutter spielen können.

Kinder spielen, indem sie Gegenstände mit metaphorischer Bedeutung aufladen: Sie können mit ein paar Stöckchen ganze Familiensagas aufführen. Sie können eine Babypuppe in alles Mögliche verwandeln – dank ihrer Fantasie. Das Gleiche gilt für Barbie. Nur weil sie perfekt aussieht, ist sie im Spiel der Kinder kein konfliktbefreites Idealwesen, im Gegenteil: Eine Barbie in Kinderhand intrigiert, mordet, bricht Ehen. Im Film aber ist Barbie ein scheues, liebes, immer gut gelauntes Wesen, das sich gerne dem Wohl der anderen unterwirft. Erwachsenen fällt es heute schwer, den Schritt der metaphorischen Abstraktion zu gehen. Sie können über das Stück Plastik, das sie in der Hand halten, nicht hinausdenken: Barbie muss so sein, wie sie aussieht.

Im Verlauf des Films bricht die Barbiepuppe aus ihrer Heimat Barbieland aus, um die »echte Welt« zu erkunden. Sie möchte ein Mensch mit Gefühlen werden, denkt zum ersten Mal an den Tod, zum ersten Mal rinnt ihr eine Träne die Wange hinab. Aus Sicht der Filmemacher muss Barbie erst aus der Welt des Spiels ausbrechen, um negative Gefühle zu empfinden. Barbieland präsentiert sich als ein Ort, an dem die Barbies immer glücklich sind und alles perfekt läuft. Barbies erstes Erlebnis in der echten Welt hingegen ist sexuelle Belästigung. Die klare Grenze, die der Film zwischen Barbieland und der echten Welt zieht, verdeutlicht die schwindende Spielfreude der Erwachsenen: In der echten Welt wird nicht gespielt, weil die Krisenlage zu angespannt ist; zugleich wird dem kindlichen Spiel unterstellt, dass es den Tod nicht kennt. Das Spiel mit Metaphern verschwindet aus dem echten Leben.

Hier passiert etwas Erstaunliches. Ausgerechnet jene, die sonst so gerne aus der physischen in die metaphysische Welt flüchten, ertragen den symbolischen Charakter eines Spielzeugs nicht und reduzieren es auf seine physischen Eigenschaften (gefährlich dünne Taille, stereotype Weiblichkeit, freundliches Lächeln). Die Verwechslung von Realität und Symbol, die sonst dazu dient, die Realität verleugnen und sich ganz dem Symbol widmen zu können, kehrt sich in die entgegengesetzte Richtung um: Auf einmal wird die symbolische Ebene zugunsten der physischen Realität verleugnet.

Diese Furcht vor der Metapher ist in der Generation Krokodilstränen weit verbreitet. »Wie liest sich Judith Hermanns Generationenbuch heute?«, fragte die *Frankfurter Allgemeine Sonntagszeitung* anlässlich des Jubiläums der Veröffentlichung von »Sommerhaus, später«. 25 Jahre nach Erscheinen von Hermanns Debüt ließ die Zeitung den Band mit Kurzgeschichten vom dreißigjährigen Lennardt Loß noch einmal rezensieren. Loß beschwert sich in seinem Text über eine Erzählung, in der die Protagonisten enttäuscht sind, weil ein angekündigter Hurrikan an ihrer Insel vorbeizieht: »Eine Clique aus wohlstandsverwahrlosten Berlin-Bourgeoisie-Kids lebt in einer derart krisenfreien Welt, dass ihnen ein Hurrikan wie die große Erlösung vorkommt. Auf mich wirkt die Geschichte vor allem zynisch.« Er stört sich auch daran, dass das Buch mittlerweile Schullektüre ist: »Der ›Fridays for Future‹-Generation, die ihre Pubertät im Lockdown erleben musste, ein Buch mit Hurrikanfantasien im Jamaikaurlaub vorzulegen: Dazu gehört schon ein besonders perfider Sadismus.« Loß scheint die Unterscheidung zwischen einer Reportage und einem fiktionalen Text schwerzufallen. Er erkennt nicht, dass keine real existierenden Personen sprechen, sondern Figuren; dass der Hurrikan kein Naturereignis ist, sondern eine Metapher. Andernfalls fiele ihm auf, wie elegant die

Autorin mit dem Bild des ausbleibenden Sturms den Stillstand ihrer Zeit thematisierte und ebenjene innere Leere der Protagonisten entlarvte, über die Loß so selbstgefällig richtet.

Loß hat noch weitere Kritikpunkte: So sei es »komisch«, dass die Figuren in Hermanns Geschichten nicht arbeiten: »In der Welt von ›Sommerhaus, später‹ scheint es keine Geldsorgen zu geben, keine offenen Rechnungen und keine Mieten, keine Steuern und keine Sozialabgaben«. Nun, in Filmen gehen die Figuren auch fast nie aufs Klo. »Ratlos zurück« lässt ihn auch eine Geschichte, in der ein Mann ein heruntergekommenes Haus in Sachsen kauft: »Schon der Gedanke daran, dass man in Deutschland einmal Gutshäuser für 80 000 DM kaufen konnte, erscheint mir utopisch.«[181] Was Loß von einer Geschichte zu erwarten scheint, ist nicht metaphorische Verdichtung, sondern ein identisches Abbild der von ihm selbst erlebten »Wahrheit«.

Eine ähnliche Furcht vor der Metapher ließ sich auch im Zusammenhang mit den Bauernprotesten beobachten, die Ende 2023 als Reaktion auf geplante Steuererhöhungen aufkamen. In einigen Orten wurden als Symbol des Protests Galgen aufgestellt, an deren Ende selbst gebastelte Ampeln hingen. Medien sprachen von einer »widerliche Protestaktion«[182] und »radikalen Symbolen«[183], sogar der Präsident des Bayerischen Bauernverbands sah sich genötigt, sich von »jeglicher menschenverachtenden Äußerung« zu distanzieren. Im Landkreis Fürth erstatteten die Grünen Anzeige, weil »eine solche Meinungsäußerung zu weit gehe«[184]; in Sachsen ermittelte der Staatsschutz wegen des Verdachts der öffentlichen Aufforderung zu Straftaten.[185]

Fast könnte man diese Aufregung lustig finden, würde sie nicht die allgemeine Unfähigkeit zur Abstraktion bezeugen. Wer einen symbolisch errichteten Galgen als Morddrohung versteht, muss auch davon ausgehen, dass Deutschland von Signallichtern regiert wird. Die Regierungskoalition profitiert vom griffigen sprachlichen Bild der »Ampel«, das sie als sympathische Ordnungsmacht ausweist. Journalisten greifen bereitwillig die Metaphern auf, die Politiker zur Vermarktung ihrer Vorhaben verwenden, etwa die »Bazooka« und den »Doppelwumms« von Olaf Scholz. Umso problematischer ist es, wenn die Verwendung von Metaphern nur den Mächtigen, nicht aber dem Volk zugestanden wird. Die Metapher des Galgens wird deshalb als gefährlich wahrgenommen, weil sie die Schlüsselfunktion des Spielens erfüllt: Sie symbolisiert das politische Ende der Ampelregierung und öffnet damit den Blick für Alternativen an der Spitze der Macht.

Hier schließt sich der Kreis zur Verleugnung des Physischen: Sowohl die Realität als auch die Metapher werden jeweils dann zur Bedrohung, wenn sie die eigene Deutungshoheit gefährden. Überall dort, wo Metaphern die Ideologie der Wokeness kritisieren oder aufs Korn nehmen, werden sie als »rechts« geframt: Hier wird das Symbol bekämpft. Wo die Ideologie hingegen durch den Abgleich mit der physischen Realität Risse bekommt, muss diese Realität verdrängt und durch das Symbol ersetzt werden. Entscheidend ist für die Anhänger der Wokeness, dass ihre Ideologie die im Wortsinn »eindeutige« Wahrheit bleibt. Die Flucht ins Metaphysische ist eben keine Flucht ins Metaphorische, denn die Metapher kennt immer mindestens zwei Ebenen: dic unmittelbare und die übertragene Bedeutung. Das ist für die Anhänger der Wokeness schon eine zu viel.

DAS REGIME DES AUTHENTISCHEN

Bereits in den Siebzigerjahren des vergangenen Jahrhunderts diagnostizierte der Soziologe Richard Sennett, dass die Gesellschaft das Spielen verlernt habe. Dies führe zum »Verfall und Ende des öffentlichen Lebens«, so der Titel seines Buchs. Darin verglich er das Verhalten des Menschen im öffentlichen Raum mit dem Auftritt auf der Theaterbühne: Lange Zeit habe man in der Öffentlichkeit wie ein Schauspieler eine Rolle gespielt. Nun aber regiere die »Tyrannei der Intimität«. Der Ausdruck des Einzelnen orientiere sich nicht mehr an Rollenvorgaben, sondern solle seine Empfindungen authentisch abbilden. Sennett wertete diesen Drang zu Authentizität als Verlust für das öffentliche Leben. »Man kann sich nicht mehr vorstellen, mit seiner Umgebung, seiner gesellschaftlichen Stellung, seinem äußeren Erscheinungsbild spielerisch umzugehen, weil diese Momente inzwischen wesentliche Bestandteile des eigenen Selbst geworden sind.«[186] Es zeuge von Unzivilisiertheit, andere mit dem eigenen Selbst zu belasten; stets darauf aus zu sein, anderen »Einlass in die traumatische Sphäre« seiner Innenwelt zu gewähren; am anderen einzig das Interesse zu haben, dass er den eigenen Geständnissen sein Ohr leiht. Zivilisiertes Verhalten hingegen weise sich dadurch aus, »mit den anderen so umzugehen, als seien sie Fremde, und über diese Distanz hinweg eine gesellschaftliche Beziehung zu ihnen aufzunehmen«.[187] Gerade indem man eine Rolle spiele, werde es einem möglich, Distanz zum eigenen Selbst zu entwickeln. Diese Fähigkeit zur Selbstdistanz sei zentral, um die öffentliche von der privaten Sphäre zu trennen. Nicht nur die politische Willensbildung, sondern das gesamte Gemeinwesen profitiere von einer lebendigen Öffentlichkeit, und diese entstehe gerade durch ein gesundes Maß an Distanz zu den intimsten Regungen des Einzelnen. In einer Zeit hingegen, in der es als moralisch unauthentisch gelte, anderen etwas vorzuspielen oder eine Pose einzunehmen, verengten sich die Grenzen der Vorstellungskraft.[188] Die intime Gesellschaft mache aus dem Individuum einen »Schauspieler, der seiner Kunst beraubt ist«.[189]

Sennetts These ist in vielerlei Hinsicht noch immer stichhaltig und wirkt insbesondere in Anbetracht der sozialen Medien plausibel. Das exzessive Zurschaustellen intimer Momente geht einher mit dem Verlust einer geselligen Öffentlichkeit, die sich analog an frei zugänglichen Orten versammelt. Die Grenzlinie zwischen privater und politischer Sphäre verschwimmt, was Regierungen ermuntert, private Entscheidungen politisch zu kontrollieren und zu regulieren. Obwohl die Selbstoffenbarung als

Instrument zur Ermächtigung gepriesen wird, kann die mangelnde Distanz zu den innersten Regungen also der Demokratie schaden. Intimität im Übermaß zerstört die Öffentlichkeit.

Besonders interessant wird Sennetts These jedoch dort, wo sie die heutige Realität unzureichend zu beschreiben scheint. Er unterscheidet zwischen einem von außen beeinflussten Rollenspiel und einer aus inneren Empfindungen gespeisten Authentizität. Heute jedoch, da das Ideal der Authentizität uns bereits so viele Jahrzehnte lang begleitet, ist die Trennung zwischen Rolle und authentischem Ausdruck kaum mehr vorhanden: Vielmehr fand das vermeintlich Authentische mittlerweile Eingang in zahlreiche Rollenmuster, seine öffentliche Darstellung wurde perfektioniert. Die Authentizität ist selbst zur Rolle geworden.

Daraus ergibt sich freilich ein Widerspruch. Entweder handelt der Darsteller der Authentizität berechnend und gibt als authentisch aus, was eine kalkulierte Erfüllung von Rollenerwartungen ist. Dies lässt sich beispielsweise bei Unternehmen beobachten, die industriell produzierte Ware mit Symbolen scheinbarer Authentizität schmücken, etwa mit regionalen Namen oder romantischen Abbildungen landwirtschaftlicher Produktion. Die glückliche Kuh auf der Milchpackung suggeriert eine authentische Darstellung der Produktion, die die Erwartungen des Kunden erfüllen soll, mit der Realität einer Milchkuh jedoch nichts gemein hat. Ein Täuschungsmanöver, das aufgeklärte Kunden längst entschlüsseln können.

Problematischer ist es, wenn es sich bei der Darstellung von Authentizität um eine Selbsttäuschung handelt: Der Darsteller handelt in diesem Fall nicht berechnend, sondern hält seine Anpassungen an die Rollenerwartungen für einen authentischen Ausdruck seiner Persönlichkeit. Beispielhaft illustriert wird dieses Phänomen von einem Video der Influencerin Nadja Holzmann. Auf Instagram veröffentlicht sie unter dem Namen »lautgedachtertagtraum« kurze Videoessays, in denen sie sich für Feminismus, Tierschutz oder gegen Diskriminierung ausspricht und ihre Ausführungen mit ästhetischen Bildern von sich selbst untermalt. Im Dezember 2023 veröffentlichte sie ein Video mit folgendem Text:

Ich gehöre zu einer »verweichlichten Generation«.
Wir weinen viel und und sprechen sanfte Worte.
Wir stellen uns neben- und nicht übereinander.
Wir wählen vegane Sahne auf der Torte.
Wir hinterfragen den Wert des Materiellen und schätzen Erfahrungen mehr.
Wir schützen die Umwelt und gehen Waldbaden.
Wir fragen dauernd nach Konsens und umarmen uns mehr.
Ich gehöre nicht zu einer verweichlichten Generation.
Ich gehöre zu einer besonders menschlichen.

Im Video zeigte Holzmann sich selbst beim Waldspaziergang, weinend auf dem Sofa, sinnierend vor ihrem Apple-Laptop und in einer liebevollen Umarmung mit ihrem Partner und mit einer Freundin. Die Widersprüche dieser Inszenierung sind offensichtlich: Den Wert des Materiellen zu hinterfragen, fällt leicht, wenn man erst einmal ein MacBook besitzt. Bäume werden nicht dadurch geschützt, dass Influencer auf Sinnsuche durch den Wald laufen. Wer jeden privaten Moment mit der Kamera aufnimmt, »schätzt Erfahrungen« wohl vor allem insofern, als sie gegenüber der Netzgemeinde die eigene moralische Überlegenheit belegen. Und eine Generation, die sich für besonders menschlich hält, zeigt gerade durch diese Abwertung aller anderen Generationen wenig Menschlichkeit.

Holzmann steht mit ihrer Hybris nicht allein. Ausgerechnet eine Generation, die perfide Techniken des sozialen Ausschlusses entwickelt hat, rühmt sich ihrer Menschlichkeit. Die mangelnde Fähigkeit zu kritischer Reflexion, die hier zutage tritt, resultiert aus der erwähnten Unfähigkeit, das eigene Rollenverhalten als solches zu identifizieren. Nehmen wir etwa die im Video gezeigte Umarmung der Freundin: Gleich mehrfach handeln dabei die Personen als Schauspieler. Einmal durch das Agieren im öffentlichen Raum, den Richard Sennett als Theater beschreibt; zweitens durch das Aufnehmen eines Videos, das die Situation festhält und abrufbar macht; drittens durch die Veröffentlichung des Videos im Netz, wodurch die Situation einem Publikum vorgeführt wird. Keiner dieser Schritte jedoch, die aus einer Situation eine Szene machen, kann das Selbstbild der Influencerin trüben, dass es sich bei der Umarmung um den authentischen Ausdruck ihres Gefühls handelt. Im Gegenteil: Gerade die perfekte Beherrschung der Rolle scheint die Authentizität zu vollenden. Indem die ästhetischen Erwartungen erfüllt werden, die an das »Authentische« geknüpft sind – harmonische Bilder in warmen Erdtönen, dazu Holzmanns lieblich klingende Stimme –, wird der Beweis für die Authentizität erbracht. Der vollendete Ausdruck des Authentischen gelingt durch die totale Unterwerfung unter die Norm.

Wir haben es nicht länger mit einem Schauspieler zu tun, der seiner Kunst beraubt ist. Denn er spielt mehr denn je – allerdings ohne sich dessen bewusst zu sein: Je besser ihm die Inszenierung einer moralisch wertvollen Empfindung gelingt, desto überzeugter ist er von deren Authentizität. Er ist also ein Schauspieler, der des Wissens beraubt ist, eine zu Rolle spielen. Die vegane Sahne auf der Torte hält er nicht für einen Trend, sondern für einen authentischen Ausdruck seiner moralischen Werte.[190] Wenn junge Menschen heute ihre Geschlechterrollen verändern, sind sie nicht auf der Suche nach spielerischer Selbstdistanz, sondern nach der Wahrheit über das Ich – und passen sich dabei an die Erwartungen an, die diese neue Rolle mit sich bringt: blaue Haare, mitgesprochener Genderstern, poststrukturalistisches Gefasel über Körper und Macht. Wenn die Generation Krokodilstränen gegen Konventionen und soziale Konstrukte aufbegehrt, zielt sie nicht auf die Schaffung neuer, zeitgemäßerer Konventionen ab. Ihr schwebt vielmehr eine Welt ohne soziale Konstruktion vor, ohne die Last der Rollenerwartung auf den Schultern des Einzelnen. Und doch landet sie stets bei Rollenklischees, die platter sind als alles, was zu überwinden sie antrat.

Die Veränderung der eigenen Identität darf laut der woken Lehre nie eine Pose sein – denn dann handelte es sich um Aneignung. Darin offenbart sich kein spielerischer Umgang mit Attributen, der die Vorstellungskraft weiten würde, sondern eine Reduktion von Vielfalt: Wer ausschließlich nach dem Authentischen strebt, strebt immer auch nach dem Eindeutigen, weil jede Alternative zum Authentischen zwangsläufig unauthentisch, also gelogen und damit falsch sein muss. Zugunsten der Rollenerwartungen des Authentischen wird die innere Ambivalenz verdrängt. Je weniger widerstrebende Gefühle man empfindet, desto leichter überzeugt man sich selbst, dass man eben keine Rolle spielt, sondern »in Wahrheit ist«. Der Schauspieler leistet heute eine Menge Verdrängungsarbeit, um zu vergessen, dass er spielt.

Die »Tyrannei der Intimität« und das damit einhergehende Regime des Authentischen wurzeln inzwischen – anders als Sennett seinerzeit beobachtete – weniger in Narzissmus und mehr in Ideologie. Weil das Authentische selbst zur Rolle wurde, ist es eher eine Anpassungsleistung an die Regeln der anderen als ein Ausdruck des Selbst. Gleichzeitig aber ist demjenigen, der sein angepasstes Verhalten als authentisch ausgibt, der Rollenwechsel unmöglich. Denn das wäre Verrat am »wahren« Ich. Darum bleibt die Rolle des Authentischen starr: Sie ist das Gegenteil eines Rollenspiels, das Alternativen aufzeigt und so Veränderung und Fortschritt inspiriert. Auch Sennett beklagt 2016, dass die zeitgenössische Identitätspolitik eben kein Spiel mit hybriden Identitäten sei, sondern immer nur eine Einzelidentität in den Mittelpunkt stelle.[191] Die Negierung der Rolle entspringt wie die Furcht vor der Metapher einer Angst vor Mehrdeutigkeit: Denn nur das Eindeutige sichert die bestehenden Machtverhältnisse.

FOUCAULT UND DER FORTSCHRITT

Welches Ziel verfolgte Michel Foucault? »Wer geneigt ist, Foucault wohlwollend zu lesen, wird behaupten, seine Schriften legten die Methoden der Macht offen, um den Boden für Veränderungen zu bereiten.« Dies schreibt die linke Philosophin und Wokeness-Kritikerin Susan Neiman in ihrem Buch »Links ist nicht woke«. »Diese wohlwollende Lesart würde Foucault in die Nähe von Rousseau rücken, der ebenfalls die Fortschrittstheorien der frühen Aufklärung kritisiert hat.« Neiman zitiert Rousseaus kritisches Diktum, laut dem Künste und Wissenschaften »Blumengirlanden über die Eisenketten« breiteten, die die Menschen beschweren. Rousseau habe »den Rest seines Lebens damit verbracht, eine Antwort auf die von ihm benannten Probleme zu suchen [...]. In der Politik wie in der Theorie lautet die schwierigste Frage wohl so: Wie können wir die Ketten sprengen, ohne mehr Schaden als diese anzurichten? Rousseau hat es zumindest versucht.«

Ganz im Gegensatz zu Foucault: Dessen Philosophie, so Neiman, sei vor allem ein ästhetisches Projekt, das lähmend auf Reformkräfte gewirkt habe. Foucault bemühe sich nicht einmal, Konzepte vorzulegen, was nach der Sprengung der Ketten an deren Stelle zu setzen sei. Er wolle die unbeabsichtigten Wirkungen der Aufklärung offenlegen, doch »auf welchem Wege man fortschreiten könne«, das klärten seine Untersuchungen nicht: »Man kann nicht von der Philosophie verlangen, auf alle Fragen, die sie stellt, eine Antwort zu geben. Wenn sie uns aber nicht einmal eine Kostprobe der Orientierung im Denken vorlegt, [...] wozu ist sie dann nütze?«[192]

Mit Foucault hart ins Gericht gehen auch die Wokeness-Kritiker Helen Pluckrose und James Lindsay in ihrem Buch »Zynische Theorien: Wie aktivistische Wissenschaft Race, Gender und Identität über alles stellt – und warum das niemandem nützt«. Sie unterscheiden zwar zwischen Foucaults ursprünglichen Gedanken und der späteren Umdeutung in einen »angewandten Postmodernismus«; setzen also die frühen Theorien nicht gleich mit dem politischen Aktivismus, für dessen Legitimation sie später herhalten mussten. Der Nihilismus seiner Theorien und die »tiefe Hoffnungslosigkeit« seien zunächst »eher deskriptiv statt präskriptiv« gewesen: »Die Arzneien gegen das Übel sollten erst später verordnet werden.«[193] Die beiden Autoren kritisieren jedoch, dass die Texte von Foucault und seinen Mitstreitern durchzogen seien von der »unverkennbar linken Idee, dass die Menschheit unter dem Joch repressiver Strukturen steht«. Dadurch erhalte das, »was eine einigermaßen nützliche, deskriptive Theorie hätte sein können, eine unheilvolle normative Voreinstellung«.[194]

Es fällt auf, dass Neiman wie auch Pluckrose und Lindsay die mangelnde »Nützlichkeit« von Foucaults Theorien betonen. Foucault hätte dieses Urteil wahrscheinlich amüsiert – als nützlich wahrgenommen zu werden, wäre wohl das Letzte gewesen, was er sich gewünscht hätte. Die Frage, die durch diese Kritik aufgeworfen wird, ist eine grundsätzliche: Welchen Nutzen hat der Philosoph? Seine ursprünglichste Aufgabe ist es, unangenehme Fragen zu stellen. Fragen, die sich nicht durch den Verweis auf Fakten beantworten lassen und die Gemeinschaft darum umso mehr in Bedrängnis bringen. Diese zahlte es den Philosophen auf unterschiedliche Weise heim: Manchen von ihnen ließ sie den Schierlingsbecher trinken, manchen bezeichnete sie als unnütz.

Um Foucault zur Verantwortung zu ziehen für jenen Irrsinn, der Jahre nach seinem Tod in seinem Namen veranstaltet wird, und in seinem Denken die Wurzel jenes Illiberalismus verorten zu können, der das woke Denken prägt, werden Foucaults Aussagen verzerrt und verkürzt. So führen Pluckrose und Lindsay als Beleg für Foucaults übertriebene Fokussierung auf repressive Systeme eine Aussage aus einem Interview an:

»Mein Ausgangspunkt ist nicht, dass alles böse ist, sondern dass alles gefährlich ist, was nicht dasselbe ist wie böse. Wenn alles gefährlich ist, dann haben wir immer etwas zu tun. Deshalb führt meine Position nicht zur Apathie, sondern zu einem Hyper- und pessimistischen Aktivismus. Ich denke, dass die ethisch-politische Wahl, die wir jeden Tag zu treffen haben, darin besteht zu bestimmen, was die Hauptgefahr ist.«

Foucault klingt hier wie ein leicht paranoider Aktivist, der sich täglich von Gefahren umzingelt wähnt. Interessant ist jedoch, was diesen Zeilen vorausgeht und was auf sie folgt. Foucault antwortet in dem zitierten Auszug auf die Frage, ob die alten Griechen als ethisches Vorbild eine Alternative für die Gegenwart darstellen könnten. Die ersten Sätze seiner Antwort lauten wie folgt:

»Ich suche nicht nach einer Alternative; man findet nicht die Lösung eines Problems in der Lösung eines anderen Problems, das zu einem anderen Zeitpunkt von anderen Leuten aufgeworfen wurde. Worauf ich hinaus will, ist nicht die Geschichte der Lösungen, und aus diesem Grunde akzeptiere ich das Wort ›Alternative‹ nicht. Ich möchte Genealogie von Problemen, von Problematiken treiben.«

Diese Worte lassen sein Lob des »Hyperaktivismus« in einem anderen Licht erscheinen. Es wird deutlich, dass die Bestimmung der »Hauptgefahr« keinen alarmistischen Aktionismus zum Ziel hat, sondern eine genealogische, also von Werturteilen nicht getrübte Analyse der Probleme. Der Unterschied zum heutigen woken Aktivismus zeigt sich auch darin, dass er auf gegenwärtige Probleme nicht mit alten Lösungen reagieren will, also keine schematische Problemlösung propagiert. Diese Flexibilität und Offenheit seines Denkens offenbart sich erst recht in den Sätzen, die auf den von Pluckrose und Lindsay zitierten Auszug folgen:

»Nehmen Sie beispielsweise Robert Castels Analyse der Geschichte der Antipsychiatriebewegung (La gestion des risques). Ich bin völlig mit dem einverstanden, was Castel sagt, aber das bedeutet nicht, wie manche Leute meinen, daß die Irrenanstalten besser waren als die Antipsychiatrie; es bedeutet nicht, daß wir nicht recht daran getan hätten, diese Irrenanstalten zu kritisieren. Ich denke, es war gut, das zu tun, weil eben sie die Gefahr waren. Und jetzt ist klar, daß die Gefahr sich gewandelt hat. In Italien etwa haben sie alle Irrenanstalten geschlossen, und es gibt dort mehr freie Kliniken und so weiter – und sie haben neue Probleme.«[195]

Foucault hatte sich in frühen Werken wie »Wahnsinn und Gesellschaft« mit den Verbindungen von Psychiatrie und Macht beschäftigt. Hier erwähnt er den Soziologen Robert Castel und dessen Untersuchungen der Antipsychiatriebewegung. Castel ließ sich methodisch von Foucault inspirieren, setzte sich inhaltlich jedoch ab: Er untersuchte die problematischen Entwicklungen in ebenjener antipsychiatrischen Bewegung, die aus der frühen Psychiatriekritik hervorgegangen war. Castel warf also ein Schlaglicht auf die negativen Nebeneffekte der Veränderungen, die von Foucaults Ideen angestoßen worden waren. Foucault präsentiert sich hier weder als Nihilist noch als Gegner des Fortschritts. Vielmehr lobt er seinen Kollegen dafür, dass er in seinem Denken nicht verharrte, sondern sich den akuten Problemen seiner Zeit widmete. Auch spricht er sich ausdrücklich dafür aus, Kritik an gegenwärtigen Zuständen nicht in eine Idealisierung der Vergangenheit umschlagen zu lassen.

Um in Foucault einen Feind der Aufklärung zu erkennen, braucht es also viel Umdeutungsarbeit. Sein Denken irritiert noch immer, weil es vom Versuch getrieben ist, sich den Blick nicht von Idealismus vernebeln zu lassen. Wenn Foucault dabei manchmal härter mit der Gegenwart ins Gericht geht als mit der Vergangenheit, sollten wir es ihm als Beinahe-Zeitgenossen danken: Denn das Wertvollste, was ein Philosoph zu geben hat, ist sein ungetrübter Blick auf das, was ihn umgibt.

Foucaults Untersuchungen haben unser Bewusstsein dafür geweitet, wie sehr wir selbst an der Konstruktion jener Wahrheiten beteiligt sind, die uns als gegeben erscheinen. Er ermöglicht uns, unser Verhalten als Rollenverhalten zu erkennen. Damit leistete er einen wichtigen Beitrag zur demokratischen Ermächtigung: Nur wer seine Rolle als solche wahrnimmt, kann sie gestalten.

Die Erkenntnis, eine Rolle zu spielen, weitet die Perspektive: Rollen lassen sich wechseln, sie öffnen den Raum für Alternativen. Darin liegt die zentrale emanzipatorische Kraft von Foucaults Ideen. Sie erweitert unsere Möglichkeit, Rollen zu gestalten und mit ihnen zu spielen. Der moderne Begriff von Identität könnte dank Foucault ein viel spielerischer als jener vergangener Jahrhunderte sein. Dass ausgerechnet seine Adepten gegen das Spielen zu Felde ziehen, würde Foucault nicht gefallen.

Bereits Richard Sennett bemerkte, dass »die kulturelle Entwicklung in neuerer Zeit eine merkwürdige Wendung genommen hat. Es ist an sich ungewöhnlich, daß eine Gesellschaft dem Ritual oder der ritualisierten Geste mißtraut; es ist ungewöhnlich, daß sie geformtes Verhalten als inauthentisch beargwöhnt.«[196] Heute will man uns weismachen, dass alles, was wir als soziales Konstrukt identifizieren, seine Legitimation verliert, weil es uns unterwirft.

Das Gegenteil ist der Fall. Soziale Konstruktion ist nicht totalitär, sondern lebensnotwendig. Die Lehre der Wokeness besagt, die conditio humana sei sozial konstruiert. Die Bedingungen des Lebens seien ein Produkt der gezielten Manipulation unserer Wahrnehmung durch die Mächtigen. Dabei ist es andersherum: Die soziale Konstruktion ist eine Folge der conditio humana. Sie hilft, uns auf einem begrenzten Planeten mit einem begrenzten Körper zurechtzufinden. Schon bei der Geburt, so beschwert sich die Generation Krokodilstränen, werde den Neugeborenen ein Geschlecht »zugewiesen« und damit einhergehend auch eine soziale Rolle. Gut so, sollten wir ihnen entgegnen. Wie dumm wären wir, unsere Nachkommen nicht auf das Leben in dem Körper vorzubereiten, den sie nun einmal durch die Natur erhalten haben?

Foucault lehrt uns, die Metaphern des Diskurses und der Rollen zu deuten. Um sie zu entschlüsseln, haben wir uns in diesem

Buch Foucaults Werkzeugkastens bedient. Wir haben unser Bestes gegeben, um mit seinen Schraubenziehern und Maulschlüsseln die Machttechniken der Wokeness kurzzuschließen. In Momenten des Zweifels mögen wir fragen: Was würde Michel Foucault tun? Die Antwort lautet: Er würde den Diskurs untersuchen, um ihn zu verstehen – niemals, um sich seinen Regeln zu unterwerfen.

DANKSAGUNG

Ich danke meinem Verleger Christian Strasser sowie allen Mitarbeitern des Europa-Verlags, die an der Entstehung dieses Buches beteiligt waren – insbesondere der Programmleiterin Desirée Schön. Mein Dank gilt meiner Lektorin Silwen Randebrock für die angenehme und vertrauensvolle Zusammenarbeit. Meinem Agenten Thomas Schmitz danke ich dafür, dass er an meine Idee glaubte und den gesamten Entstehungsprozess des Buches mit großem Interesse begleitete. Ich danke Alexander Kissler für seine Großzügigkeit und Hilfsbereitschaft. Danke an Constanze Michel von BuchContact für die tatkräftige Unterstützung.

ANMERKUNGEN

Prolog: Eine Generation entdeckt den Aktivismus

1 Das Durchschnittsalter der Teilnehmer der Querdenkerproteste betrug laut einer wissenschaftlichen Umfrage aus dem Jahr 2020 47 Jahre. Siehe: Tobias Brück, »Protest gegen die Gesellschaft«, 16.3.2022, in: bpb.de, https://www.bpb.de/themen/gesundheit/coronavirus/506249/protest-gegen-die-gesellschaft/ (abgerufen am 2.12.2023)

Kapitel I: A Well Respected Man

2 Michel Foucault, »Von den Martern zu den Zellen«, in: M.F., Mikrophysik der Macht, Berlin 1976; zitiert nach: Didier Eribon, Michel Foucault – eine Biographie, 2019, Frankfurt am Main, S. 337

3 Michel Foucault, Überwachen und Strafen, 2019 (1975), Frankfurt am Main, S. 258 ff.

4 Ebd. S. 258

5 Ebd. S. 228

6 Ebd. S. 228 ff.

7 Ebd. S. 220

8 Ebd. S. 232

9 Ebd. S. 232

10 Ebd. S. 233

11 Ebd. S. 243 ff.

12 Ebd. S. 244

13 Naina Bajekal, »Benedict Cumberbatch Apologizes After Race Controversy«, 27.1.2015, in: time.com, https://time.com/3683762/benedict-cumberbatch-apologizes-colored-actors/# (abgerufen am 10.11.2023)

14 Michel Foucault, Überwachen und Strafen, S. 248

15 Ebd. S. 230

16 Ebd. S. 220

Kapitel II: Das Herbarium der Lüste

17 Stefan Zweig, Die Welt von Gestern, 2019 (1942), Frankfurt am Main, S. 93

18 Philip Fabian, »Tagesschau ersetzt das Wort »Mutter«, 1.4.2023, in: bild.de, https://www.bild.de/politik/inland/politik-inland/tagesschau-streicht-das-wort-mutter-entbindende-und-gebaerende-person-83411616.bild.html (abgerufen am 4.12.2023)

19 Stefan Zweig, Die Welt von Gestern, S. 91 ff.

20 Siehe zum Beispiel den Fall Johann König: Michael Hanfeld, »Gericht reduziert »Zeit«-Vorwürfe gegen Johann König«, 20.12.2022, in: faz.net, https://www.faz.net/aktuell/feuilleton/medien/johann-koenig-wehrt-sich-gegen-bericht-der-zeit-18548686.html (abgerufen am 4.12.2023); oder den Fall Luke Mockridge: Michael Hanfeld, »Luke Mockridge gewinnt vor Gericht gegen den »Spiegel«, 22.6.2023, in: faz.net, https://www.faz.net/aktuell/feuilleton/medien/luke-mockridge-gewinnt-gegen-spiegel-18983154.html (abgerufen am 4.12.2023)

21 Instagram-Account von »Ich bin ein Star« des Senders RTL, 14.1.2023, https://www.instagram.com/p/CnaTzsWts3a/?utm_source=ig_embed&ig_rid=33cb84c5-3bd7-4e70-b507-58f97e8de4a0&ig_mid=B1812FCF-7880-482B-B686-E75996AFEEEE&img_index=1 (abgerufen am 1.11.2023)

22 Ralf Kaminski , »LGBT – was? Das große Queer-ABC«, 22.12.2021, https://engagement.migros.ch/de/news-projekte/zusammenleben/lgbti-glossar (abgerufen am 1.11.2023)

23 Nadine Funck , »LGBTQI – Was ist das?«, 1.9.2016, in: sueddeutsche.de, https://www.sueddeutsche.de/leben/glossar-lgbt-was-ist-das-1.3091327 (abgerufen am 1.11.2023)

24 »Pride Month im Juni 2023: Was bedeutet LGBTQ, LGBTQ+ oder LGBTQIA*? Das musst du wissen!«, 6.7.2022, https://www.prosieben.de/serien/taff/news/pride-month-im-juni2023-was-bedeutet-lgbtq-lgbtq-oder-lgbtqia-das-musst-du-wissen-60732 (abgerufen am 1.11.2023)

25 Susanne Gaschke, »Bei Männern gilt die Kompetenzvermutung, egal, wie sie aussehen. Bei Frauen gilt die Inkompetenzvermutung, egal, was sie können«, 29.10.2022, in: nzz.ch, https://www.nzz.ch/international/sexismus-streitgespraech-zwischen-kubicki-und-koch-mehrin-ld.1707967 (abgerufen am 1.11.2023)

26 Michel Foucault, Der Wille zum Wissen, 2019 (1976), Frankfurt am Main, S. 11

27 Ebd. S. 12

28 Ebd. S. 18

29 Ebd. S. 16

30 Ebd. S. 23

31 Ebd. S. 25

32 Ebd. S. 30

33 Ebd. S. 24

34 Stefan Zweig, Die Welt von Gestern, S. 93

35 Michel Foucault, Der Wille zum Wissen, S. 14

36 Ebd. S. 70

37 Ebd. S. 24

38 »Die Liste reicht von androgyn bis Zwitter«, 4.9.2014, in: faz.net, https://www.faz.net/aktuell/gesellschaft/geschlechter-liste-alle-verschiedenen-geschlechter-und-gender-arten-bei-facebook-13135140.html (abgerufen am 1.11.2023)

39 Roma Sabina Aouf, »Microsoft's open-source design for Pride flag incorporates 40 communities«, 28.10.2022, in: dezeen.com, https://www.dezeen.com/2022/10/28/microsoft-pride-flag-open-source-design/amp/ (abgerufen am 1.9.2024)

40 Michel Foucault, Der Wille zum Wissen, S. 67

41 Ebd. S. 48

42 René Hofmann, »Ganz schön bunt: Welche Flagge bedeutet was?«, 23.6.23, in: Süddeutsche Zeitung; zitiert nach: Mirjana Saller (@Almantinka), in: twitter.com, https://twitter.com/Almantinka/status/1672621451348791300?t=FTZZj2J_R1ciepusnp2HCQ&s=19 (abgerufen am 1.11.2023)

43 Michel Foucault, Der Wille zum Wissen, S. 30

44 Laura Dahmer, »Bi+ Visibility Day in Berlin: »Wir sind die unsichtbare Mehrheit unter den queeren Minderheiten«, 21.9.2023, in: tagesspiegel.de, https://www.tagesspiegel.de/gesellschaft/queerspiegel/bi-visibility-day-in-berlin-wir-sind-die-unsichtbare-mehrheit-unter-den-queeren-minderheiten-10503154.html (abgerufen am 1.11.2023); Julia Schaaf, »Ich kann mich in einen Menschen verlieben und das Geschlecht ist nicht relevant«, 15.5.2022, in: faz.net, https://www.faz.net/aktuell/stil/leib-seele/bisexualitaet-psychologin-julia-shaw-klaert-ueber-vorurteile-auf-18028200.html (abgerufen am 1.11.2023)

45 Michel Foucault, Überwachen und Strafen, S. 260

46 pro familia Deutsche Gesellschaft für Familienplanung, Sexualpädagogik und Sexualberatung e. V., Sex, Respekt, Lust und Liebe, 2021, Frankfurt am Main https://www.profamilia.de/fileadmin/publikationen/Jugendliche/Broschuere_Sex_Respekt_Lust_Liebe.pdf (abgerufen am 27.10.2023)

47 Michel Foucault, Der Wille zum Wissen, S. 26

48 Ebd. S. 66 ff.

49 Caroline Graham, »Snowflake students in a twist again: Ivy League college clarifies whether Yes means Yes on the dancefloor«, 27.1.2028, in: dailymail.co.uk, https://www.dailymail.co.uk/news/article-5320601/amp/Ivy-League-college-clarifies-consent-dancefloor.html (abgerufen am 27.10.2023)

50 »Making Sure There Is Consent«, in: umatter.priceton.edu, https://umatter.princeton.edu/respect/consent/making-sure (abgerufen am 27.10.2023); »Seeking Out Consent«, in: umatter.priceton.edu, https://umatter.princeton.edu/respect/consent/asking-consent (abgerufen am 27.10.2023)

51 Michel Foucault, Der Wille zum Wissen, S. 60

52 »Betreibt Billie Eilish in ihrem neuen Video Queerbaiting?«, 15.6.2021, in: rnd.de, https://www.rnd.de/promis/betreibt-billie-eilish-in-ihrem-neuen-video-queerbaiting-ICQXZUEECFDKRMBABY7YYEJ64U.html (abgerufen am 4.1.2024)

53 Iris Rosendahl, »Billie liebt EIgentLISH Frauen«, 3.12.2023, in: bild.de, https://www.bild.de/unterhaltung/leute/leute/billie-eilish-liebt-auch-frauen-war-das-nicht-offensichtlich-86307024.bild.html (abgerufen am 4.1.2024)

54 Merkt Weber, »Ein Coming-out ist keine Frage der Bequemlichkeit«, 6.12.2024, in: zeit.de, https://www.zeit.de/zett/queeres-leben/2023-12/coming-out-queerness-billie-eilish-bedeutung-lgbtq (abgerufen am 4.1.2024)

55 Michel Foucault, Der Wille zum Wissen, S. 80

56 Michel Foucault, Der Wille zum Wissen, S. 58

57 Ebd. S. 65

58 Franziska Pröll, »Sexualisierte Gewalt fängt fast immer mit leichten Grenzverletzungen an«, 13.6.2022, in: faz.net, https://www.faz.net/aktuell/gesellschaft/menschen/sexualisierte-gewalt-wie-eltern-ihre-kinder-schuetzen-koennen-18092174.html (abgerufen am 28.10.2023)

59 pro familia Deutsche Gesellschaft für Familienplanung, Sexualpädagogik und Sexualberatung e. V., So bin ich, so bist Du, 2023, Frankfurt am Main, https://www.profamilia.de/fileadmin/publikationen/Jugendliche/so_bin_ich_so_bist_du.pdf (abgerufen am 28.10.2023)

60 pro familia Deutsche Gesellschaft für Familienplanung, Sexualpädagogik und Sexualberatung e. V., Mädchen * Jungen, 2020, Frankfurt am Main, https://www.profamilia.de/fileadmin/publikationen/Jugendliche/maedchen-jungen.pdf (abgerufen am 28.10.2023)

61 Siehe achseverlag.com, https://www.achseverlag.com/lina-die-entdeckerin/ (abgerufen am 10.1.2024)

62 Katharina Schönborn-Hotter, Lisa Charlotte Sonnberger, Flo Staffelmayr, Lina, die Entdeckerin, 2021, Wien

63 Michel Foucault, Der Wille zum Wissen, S.34 ff.

64 Ebd. S. 48 ff.

65 Siehe achseverlag.com, https://www.achseverlag.com/lina-die-entdeckerin/

66 Carsten Müller, Sarah Siegl, Von wegen Bienchen und Blümchen, 2022, Igling

67 Siehe achseverlag.com, https://www.achseverlag.com/was-glitzert-denn-da/

68 »Was glitzert denn da? Ein wunderschönes Aufklärungsbuch mit hoch gesteckten Zielen«, in: buuu.ch, https://buuu.ch/aufklarungsbuecher/was-glitzert-denn-da/ (abgerufen am 4.12.2023)

69 Annika Leone, Bettina Johansson, Überall Popos, 2022, Leipzig

70 Michel Foucault, Der Wille zum Wissen, S. 33 ff.

71 Brigitte Emilie, Martin Scholz, »Meine Enkelin ist absolut fokussiert auf Genderthemen. Für sie zählt nichts anderes«, 2.8.2022, in: welt.de, https://www.welt.de/kultur/plus240247523/Isabel-Allende-Man-muss-staendig-aufpassen-was-man-sagt.html (abgerufen am 30.10.2023)

72 Michel Foucault, Der Wille zum Wissen, S. 8

73 Ebd. S. 8

Kapitel III: Die Macht der Krokodilstränen

74 Michel Foucault, die Ordnung des Diskurses, 2021 (1972), Frankfurt am Main, S. 9

75 Ulrich Johannes Schneider, Foucault im Hörsaal, 2022, Wien, S. 14

76 Michel Foucault, die Ordnung des Diskurses, S. 9

77 Zum Beispiel die Philosophin Susan Neiman in ihrem Buch »Links ist nicht woke«. Mehr dazu im sechsten Kapitel.

78 Die Szene spielte sich bezeichnenderweise in New York ab. Edmund White, My lives. A memoir, 2005, New York, S. 196 ; zitiert nach: Ulrich Johannes Schneider, Foucault im Hörsaal, S. 119

79 Daniel Johnson, »Michel Foucault: the prophet of pederasty«, April 2021, in: thecritic.co.uk, https://thecritic.co.uk/issues/april-2021/michel-foucault-the-prophet-of-pederasty/ (abgerufen am 3.11.2023); Jon Henley, »Calls for legal child sex rebound on luminaries of May 68«, 24.2.2001, in: theguardian.com, https://www.theguardian.com/world/2001/feb/24/jonhenley (abgerufen am 3.11.2023)

80 Siehe dumont-buchverlag.de, https://www.dumont-buchverlag.de/personen/kim-de-l-horizon-p-2803 (abgerufen am 4.11.2023)

81 Stefan Hochgesand, »Kim de l'Horizon: »Es darf nicht sein, dass wir uns zum Schweigen bringen«, 4.11.2022, in: berliner-zeitung.de, https://www.berliner-zeitung.de/kultur-vergnuegen/literatur/kim-de-lhorizon-wir-muessen-miteinander-sprechen-li.283154 (abgerufen am 5.12.2023)

82 Siehe: koeniggalerie.com, https://www.koeniggalerie.com/blogs/news/anouk-lamm-anouk-post-pre-lesbian-jazz (abgerufen am 4.11.2023)

83 Nicole Scheyerer, »Diese Salonkünstlerin trendet«, 22.8.22, in: faz.net, https://m.faz.net/aktuell/feuilleton/kunstmarkt/wiener-kuenstlerin-anouk-lamm-anouk-talent-trifft-instagram-18256420.html; Manfred Sax, »Anouk Lamm Anouk – »Ich bin Feministin, und zwar hardcore.«, in: wiener-online.at, https://wiener-online.at/2018/03/06/anouk-lamm-anouk-ich-bin-feministin-und-zwar-hardcore/; Lena Pfeiffer, »Chapter 5: No Age, No Gender, No Origin – Anouk Lamm Anouk über die Reise zur eigenen Identität«, 15.9.2021, in: vangardist.com, https://vangardist.com/news-article/chapter-5-no-age-no-gender-no-origin/ (alle abgerufen am 4.11.2023)

84 Stefanie Blumenbecker, »Phänomenaler Superstar: Anouk Lamm Anouk«, 9.9.2023, in: hr2.de, https://www.hr2.de/podcasts/hr2-fruehkritik-phaenomenaler-superstar---anouk-lamm-anouk-im-frauenmuseum-wiesbaden,audio-86016.html?fbclid=PAAaYmq06o5BuhY9eRAxOzAfDni1nEe5H-FHYe4mZnHGho6nVJvPCSImN_-FYA (abgerufen am 4.11.2023)

85 Kelsey Ables, Rick Noack, »Why Greta Thunberg is protesting wind farms in Norway«, 1.3.2023, in: washingtonpost.com, https://www.washingtonpost.com/climate-environment/2023/03/01/greta-thunberg-wind-turbines-reindeer/ (abgerufen am 5.11.2023)

86 Michel Foucault, Der Wille zum Wissen, S. 68 ff.

87 Siehe Thomas Kaspar (@Bibliothomas), in: twitter.com, https://twitter.com/Bibliothomas/status/1652047771073912859?lang=de

88 »Tübingens OB Palmer sorgt für neuen Eklat«, 29.4.2023, in: zdf.de, https://www.zdf.de/nachrichten/politik/palmer-judenstern-n-wort-100.html (abgerufen am 5.11.2023)

89 »Boris Palmer nach Grünen-Austritt: »Hätte niemals so reden dürfen«, 1.5.2023, in: Tagesspiegel.de, https://www.tagesspiegel.de/politik/hatte-niemals-so-reden-durfen-boris-palmer-tritt-nach-n-wort-eklat-bei-den-grunen-aus-9747380.html (abgerufen am 30.11.2023); Helene Bubrowski, Rüdiger Soldt, »Grüne erleichtert über Palmers Austritt«, 2.5.2023, in: faz.net, https://www.faz.net/aktuell/politik/inland/boris-palmer-warum-die-gruenen-erleichtert-ueber-den-austritt-sind-18862519.html (abgerufen am 5.11.2023)

90 Malte Göbel, »Das N-Wort und der Judenstern«, 29.4.2023, in: spiegel.de, https://www.spiegel.de/politik/boris-palmer-das-n-wort-und-der-judenstern-ein-debattencheck-a-f69f8cee-81ad-4c65-8fae-e53d0d41de8a (abgerufen am 5.11.2023)

91 »Stellungnahme zur Konferenz »Migration steuern, Pluralität gestalten – Herausforderungen und Konzepte von Einwanderungspolitiken«, 26.4.2023, in: asta-frankfurt.de, https://asta-frankfurt.de/2023-04/stellungnahme-zur-konferenz-migration-steuern-pluralitaet-gestalten-herausforderungen-und (abgerufen am 30.11.2023)

92 Siehe duden.de, https://www.duden.de/rechtschreibung/Oekozid; https://www.duden.de/rechtschreibung/Genozid (beide abgerufen am 13.11.2023)

93 Nicola Abé, »Wie sinnvoll ist es, Umweltverbrechen wie Völkermord einzustufen, Herr Heller?«, 17.8.2021, in: spiegel.de, https://www.spiegel.de/ausland/oekozid-ist-umweltzerstoerung-bald-straftatbestand-vor-dem-internationalen-strafgerichtshof-a-65396f72-e3c6-4420-bd96-f243905e325c (abgerufen am 13.11.2023)

94 »Mitgründer von Extinction Rebellion nennt Holocaust ›Weiteren Scheiß‹, 20.11.2019, in: zeit.de, https://www.zeit.de/wirtschaft/2019-11/

roger-hallam-extinction-rebellion-mitgruender-klimawandel-holocaust (abgerufen am 22.11.2023)

95 Lennart Pfahler, »Warum die ›Letzte Generation‹ über Antisemitismus in den eigenen Reihen diskutiert«, 11.8.2023, in: welt.de, https://www.welt.de/politik/deutschland/plus246857102/Warum-die-Letzte-Generation-ueber-Antisemitismus-in-den-eigenen-Reihen-diskutiert.html? (abgerufen am 22.11.2023)

96 Jürgen Zimmerer, Michael Rothberg, »Enttabuisiert den Vergleich!«, 4.4.2021, in: zeit.de, https://www.zeit.de/2021/14/erinnerungskultur-gedenken-pluralisieren-holocaust-vergleich-globalisierung-geschichte/komplettansicht (abgerufen am 23.11.2023)

97 A. Dirk Moses, »Der Katechismus der Deutschen«, 23.5.2021, in: geschichtedergegenwart.ch, https://geschichtedergegenwart.ch/der-katechismus-der-deutschen/ (abgerufen am 23.11.2023)

98 Stephan Grigat, »Zionismus und Universalismus«, 10.5.2020, in: taz.de, https://taz.de/Debatte-um-Achille-Mbembe/!5681657/ (abgerufen am 23.11.2023)

99 Siehe Dirk Moses (@dirkmoses), in: twitter.com, https://twitter.com/dirkmoses/status/1726907724053557532 (abgerufen am 23.11.2023)

100 Felix Bohr, Martin Pfaffenzeller, »Niemand will in dieser Debatte den Holocaust einebnen«, 22.10.2022, in: spiegel.de, https://www.spiegel.de/geschichte/historikerstreit-2-0-niemand-will-in-dieser-debatte-den-holocaust-einebnen-a-4d90bafa-2b65-470d-9e08-381943a617f1 (abgerufen am 23.11.2023)

101 Rebecca Hillauer, »Schlagabtausch wegen »Islamophobie-Bericht«, 21.1.2020, in: deutschlandfunk.de, https://www.deutschlandfunk.de/von-eu-gefoerdert-schlagabtausch-wegen-islamophobie-bericht-100.html (abgerufen am 22.11.2023)

102 Lucien Scherrer, »Islamisten wollen die ›neuen Juden‹ sein, obwohl sie selber Judenhass verbreiten. Statt dieses Theater zu entlarven, helfen ihnen Wissenschafter«, 27.4.2021, https://www.nzz.ch/feuilleton/wenn-sich-antisemiten-als-neue-juden-inszenieren-waere-widerspruch-gefragt-stattdessen-erhalten-sie-unterstuetzung-von-wissenschaftern-ld.1604691 (abgerufen am 22.11.2023)

103 Frederik Schindler, »Zentralratschef Mazyek deutet islamistischen Angriff zu antimuslimischem Rassismus um«, 27.9.2023, in: welt.de, https://www.welt.de/politik/deutschland/plus247673668/Berlin-Aiman-Mazyek-deutet-islamistischen-Angriff-zu-antimuslimischem-Rassismus-um.html (abgerufen am 5.12.2023); Siehe auch die Website der Ditib-Jugend Bayern: »Der Islam wird als eine homogene Kultur konstruiert, die in Opposition zu Deutschland und zu den westlichen Werten steht. Bei diesen, auf alle Muslim*innen kollektiv zugeschriebenen Stereotypen

handelt es sich um Rassismus, in unserem Fall um antimuslimischen Rassismus.«, https://ditib-jugend.bayern/?page_id=1683 (abgerufen am 10.1.2024)

104 Noah Manskar, »NYC Advocates Slam Trump's Push For Transgender ›Genocide‹«, 24.10.2018, in: patch.com, https://patch.com/new-york/new-york-city/nyc-advocates-slam-trumps-push-transgender-genocide (abgerufen am 22.11.2023)

105 Kiara Alfonseca, »›Genocidal‹: Transgender people begin to flee states with anti-LGBTQ laws«, 11.6.2023, in: abcnews.go.com, https://abcnews.go.com/US/genocidal-transgender-people-begin-flee-states-anti-lgbtq/story?id=99909913 (abgerufen am 22.11.2023)

106 Auf dem Instagram-Account der WDR-Sendung »Monitor« wird die Autorin Annika Brockschmidt mit den Worten zitiert: »Die Anti-Trans-Bewegung ist im Kern genozidal und auch in Europa aktiv.« Von republikanischen Politikern verabschiedete Gesetze gegen Transsexuelle trieben diese in den Suizid. Siehe @monitor.wdr, 5.5.2023, https://www.instagram.com/p/Cr3kPp2x74z/?igsh=ZDM2aTZ4cGp6amR2 (abgerufen am 30.1.2024)

107 Christian Meier, »Geschichte einer Löschung«, 23.2.2023, in: welt.de, https://www.welt.de/kultur/medien/plus237074977/Harald-Martenstein-Geschichte-einer-Loeschung.html (abgerufen am 23.11.2023)

108 »Kolumne zum Tragen von ›Judensternen‹: Stellungnahme der Chefredaktion«, 15.2.2022, in: tagesspiegel.de, https://www.tagesspiegel.de/meinung/stellungnahme-der-chefredaktion-zur-kolumne-uber-das-tragen-von-judensternen-auf-corona-demos-384475.html (abgerufen am 23.11.2023)

109 »Antisemitismusbeauftragter stellt Rammstein-Konzerte in Berlin infrage«, 18.6.2023, in: spiegel.de, https://www.spiegel.de/kultur/musik/vorwuerfe-gegen-rammstein-felix-klein-stellt-konzerte-in-berlin-infrage-a-778c41ee-f31d-4fd9-a2e3-f8e765cbc64e (abgerufen am 5.12.2023)

110 Michel Foucault, Der Wille zum Wissen, S. 72

111 Vanessa Vu, »Keine Antwort schuldig«, 27.2.2019, in: zeit.de, https://www.zeit.de/campus/2019-02/herkunft-identitaet-diskriminierung-rassismus-selbstbestimmung (abgerufen am 13.11.2023)

112 Siehe sph.umn.edu, https://sph.umn.edu/site/docs/hewg/microaggressions.pdf (abgerufen am 12.11.2023)

113 Siehe imperial.ac.uk, https://www.imperial.ac.uk/media/imperial-college/faculty-of-engineering/public/Resource---Examples-of-Microaggressions.pdf (abgerufen am 13.11.2023)

114 Christian Wolf, »Wie tausend kleine Mückenstiche«, 17.12.2021, in: spektrum.de, https://www.spektrum.de/news/rassismus-sind-mikroaggressionen-real/1960354 (abgerufen am 12.11.2023)

115 Alexander Jürgs, »Der unsichtbare Rassismus«, 13.10.2023, in: faz.net, https://www.faz.net/aktuell/rhein-main/frankfurt/hami-nguyen-schreibt-ueber-unsichtbaren-rassismus-gegen-suedasiaten-19239618.html (abgerufen am 5.12.2023)
116 Callie Patteson, »Justin Trudeau mocked after using ›2SLGBTQQIA+‹ acronym«, 7.10.2023 , in: nypost.com, https://nypost.com/2021/10/07/justin-trudeau-mocked-after-using-2slgbtqqia-acronym/ (abgerufen am 12.11.23.); siehe auch: Citizen Free Press (@CitizenFreePres), in: twitter.com, https://x.com/CitizenFreePres/status/1662205208607494145?s=20
117 Michel Foucault, Überwachen und Strafen, S. 340 ff.
118 Ebd. S. 356 ff.
119 Ebd. S. 351 ff.
120 Ebd. S. 157 ff.
121 Ebd. S. 363
122 Ebd. S. 391
123 Ebd. S. 382 ff.
124 Bundesministerium des Innern und für Heimat, Verfassungsschutzbericht 2022, S. 71, https://www.verfassungsschutz.de/SharedDocs/publikationen/DE/verfassungsschutzberichte/2023-06-20-verfassungsschutzbericht-2022-startseitenmodul.pdf?__blob=publicationFile&v=3 (abgerufen am 27.11.2023)
125 »Queerfeindlichkeit im Rechtsextremismus«, in: verfassungsschutz.de, https://www.verfassungsschutz.de/SharedDocs/hintergruende/DE/rechtsextremismus/2022-08-17-pridemonth.html (abgerufen am 27.11.2023)
126 Robert-Koch-Institut, »Epidemiologisches Bulletin«, 19.5.2022, https://www.rki.de/DE/Content/Infekt/EpidBull/Archiv/2022/Ausgaben/20_22.pdf?__blob=publicationFile ; »Lauterbach: Affenpocken nicht der Beginn einer neuen Pandemie«, 24.5.2022, in: bundesgesundheitsministerium.de, https://www.bundesgesundheitsministerium.de/ministerium/meldungen/ausbruch-affenpocken; UNRIC – Regionales Informationszentrum der Vereinten Nationen, »WHO erklärt Affenpocken-Ausbruch zur Notlage mit internationaler Tragweite«, in: unric.org, https://unric.org/de/who-erklaert-affenpocken-ausbruch-zur-notlage-mit-internationaler-tragweite/ (alle drei abgerufen am 27.11.2023)
127 Bundesamt für Verfassungsschutz, Rechtsextremismus: Symbole, Zeichen und verbotene Organisationen, 2022, S. 70 ff, https://www.verfassungsschutz.de/SharedDocs/publikationen/DE/rechtsextremismus/2022-02-rechtsextremismus-symbole-zeichen-organisationen.pdf?__blob=publicationFile&v=10 (27.11.2023)
128 »Bundesinnenministerium genehmigt Regenbogenflagge an Bundesgebäuden«, 13.4.2022, in: bmi.bund.de, https://www.bmi.bund.de/

SharedDocs/pressemitteilungen/DE/2022/04/regenbogenflagge.html (abgerufen am 27.11.2023)

129 »Familienministerium hisst nicht genehmigte Version der Regenbogenfahne«, 27.7.2022, in: welt.de, https://www.welt.de/politik/deutschland/article240139889/Familienministerium-hisst-nicht-genehmigte-Version-der-Regenbogenfahne.html (abgerufen am 27.11.2022)

130 Thomas Thiel, »Bitten und Befehle – über das Gendern an Universitäten«, 17.2.2022, in: faz.net, https://www.faz.net/aktuell/karriere-hochschule/gender-pflicht-an-deutschen-hochschulen-wacklige-rechtsgrundlage-17805594.html (abgerufen am 29.11.2023)

131 Die Oberbürgermeisterin der Bundesstadt Bonn, Gleichstellungsstelle/Presseamt, Leitfaden »Geschlechtergerechte Sprache in der Stadtverwaltung Bonn«, 2021, https://www.bonn.de/medien-global/amt-04/Leitfaden-Geschlechtergerechte-Sprache.pdf (27.11.2023)

132 Fabian Keilani, 31.8.2023, »Meldestellen im ganzen Land erzeugen ein Klima der Verdächtigung – zum Beispiel das »Berliner Register«, in: nzz.ch, https://www.nzz.ch/international/meldestellen-wie-das-berliner-register-schaffen-ein-klima-der-verdaechtigung-ld.1753922 (abgerufen am 5.12.2023)

133 »Was ist ein antifeministischer Vorfall?«, in: antisemitismus-melden.de, 18.2.2023, https://antifeminismus-melden.de/antifeminismus/

134 »Antifeminismus«, in: amadeu-antonio-stiftung.de, https://www.amadeu-antonio-stiftung.de/fachstelle/analyse-und-hintergrundinformationen/antifeminismus-2/ (abgerufen am 27.11.2023)

135 »Antworten auf Vorwürfe gegen Meldestelle Antifeminismus«, in: amadeu-antonio-stiftung.de, https://www.amadeu-antonio-stiftung.de/antworten-auf-vorwuerfe-gegen-meldestelle-antifeminismus-95701/ (abgerufen am 27.11.2023)

136 »Antifeminismus«, in: amadeu-antonio-stiftung.de

137 »Antworten auf Vorwürfe gegen Meldestelle Antifeminismus«, in: amadeu-antonio-stiftung.de

138 Jan Alexander Casper, »Ideologie oder ›gut angelegtes‹ Steuergeld? Ärger um die ›Antifeminismus‹-Meldestelle«, 14.2.2023, in: welt.de, https://www.welt.de/politik/deutschland/plus243774627/Amadeu-Antonio-Stiftung-Aerger-um-die-Antifeminismus-Meldestelle.html (27.11.2023)

139 Michel Foucault, Überwachen und Strafen, S. 389 ff.

140 Der dänische Politikwissenschafter Michael Bang Petersen hat die Diskriminierung von Ungeimpften während der Pandemie untersucht: »Die Ungeimpften wurden von Geimpften als ›unintelligent‹ und ›nicht vertrauenswürdig‹ wahrgenommen.«; Pauline Voss, »Ungeimpfte wurden als weniger intelligent wahrgenommen. Die Vorurteile gegen sie waren verbreiteter als Vorurteile gegen Migranten«, 25.2.2023, in: nzz.ch,

https://www.nzz.ch/international/corona-pandemie-ungeimpfte-galten-als-weniger-intelligent-ld.1725006

141 Jörn Kießler, »Corona und Weihnachten: Wie umgehen mit ungeimpften Familienmitgliedern?«, 3.12.2021, in: wdr.de, https://www1.wdr.de/nachrichten/themen/coronavirus/corona-regeln-weihnachten-ungeimpfte-100.html (abgerufen am 29.11.2023)

142 Thilo Mischke, »Antisemitismus ist nicht nur ein muslimisches Problem – sondern auch ein deutsches«, 14.10.2023, berliner-zeitung.de, https://www.berliner-zeitung.de/mensch-metropole/antisemitismus-ist-kein-muslimisches-problem-in-deutschland-es-ist-ein-problem-der-meisten-deutschen-li.2148895?afterPayment=true?id=30542fa-2b1784868a42532ee5063b2da (abgerufen am 28.12.2023)

143 Özlem Topçu, »Antisemitismus lässt sich nicht abschieben«, 30.10.2023, in: spiegel.de, https://www.spiegel.de/politik/deutschland/antisemitismus-in-deutschland-das-sind-eure-leute-a-3a5ae837-6180-45f1-83b8-fe32b070bf52 (abgerufen am 29.11.2023)

144 Michel Foucault, Überwachen und Strafen, S. 387

145 Ebd. S. 356

Kapitel IV: Die Verleugnung des Physischen

146 Othmara Glas, »Der Anti-Hysteriker Eric Gujer«, 22.5.22, in faz.net, https://www.faz.net/aktuell/feuilleton/debatten/anti-hysteriker-eric-gujer-erhaelt-ludwig-boerne-preis-18051259.html; siehe auch die Rede von Leon de Winter, »Ein Journalist durchdringt den Dschungel der Selbsttäuschung und der Hysterie unserer Zeit«, 22.5.2022, in: nzz.ch, https://www.nzz.ch/feuilleton/leon-de-winter-laudatio-auf-boerne-preistraeger-2022-eric-gujer-ld.1685257 (beide abgerufen am 26.12.2023)

147 Juliane Frisse, »Auch Männer haben ein Recht auf Weglaufen«, 4.3.2023, in: zeit.de, https://www.zeit.de/zeit-magazin/leben/2022-03/ukraine-russland-krieg-maenner-widerstand-flucht (abgerufen am 26.12.2023)

148 Judith Butler, Das Unbehagen der Geschlechter, 2021 (1990), Frankfurt am Main, S. 26

149 Ebd. S. 169. Hier paraphrasiert Butler die Feministin Monique Wittig, macht sich deren Standpunkt jedoch zu eigen.

150 Ebd. S. 24

151 Ebd. S. 170

152 Ebd.

153 Ebd. S. 189

154 Pierre Bourdieu, Die männliche Herrschaft, 2021 (1998), Frankfurt am Main, S. 44

155 Koalitionsvertrag »Mehr Fortschritt wagen«, 2021, in: bundesregierung.de, https://www.bundesregierung.de/resource/blob/974430/1990812/93b

d8d9b17717c351633635f9d7fba09/2021-12-10-koav2021-data.pdf?download=1, S. 95

156 Entwurf eines Gesetzes über die Selbstbestimmung in Bezug auf den Geschlechtseintrag und zur Änderung weiterer Vorschriften, Drucksache 20/9049, in: dip.bundestag.de, https://dip.bundestag.de/drucksache/entwurf-eines-gesetzes-%C3%BCber-die-selbstbestimmung-in-bezug-auf-den/270659?term=20/9049&f.typ=Dokument&rows=25&sort=verteildatum_ab&pos=2 (abgerufen am 9.1.2024)

157 Michel Foucault, Geometrie des Verfahrens, »Nietzsche, die Genealogie, die Historie«, 2009, S. 192 ff.

158 Jörg Lau, Michael Thumann, »Es droht ein großer Krieg«, 11.10.2023, in: zeit.de, https://www.zeit.de/2023/43/israel-krieg-iran-russland-geopolitik (abgerufen am 28.12.2023)

159 Jan Küveler, »Warum Künstler und Intellektuelle den Terror bejubeln«, 20.10.2023, in: welt.de https://www.welt.de/kultur/plus247916184/Postkolonialismus-Warum-Kuenstler-und-Intellektuelle-den-Terror-bejubeln.html? (abgerufen am 28.12.2023)

Kapitel V: Bilder von gestern

160 Siehe den Webshop von VillaVulvaCeramics, https://www.etsy.com/de/shop/VillaVulvaCeramics (abgerufen am 11.12.2023)

161 Siehe artnight.com, https://www.artnight.com/blog/vulva-malen/ (abgerufen am 11.12.2023)

162 Siehe https://vulvaversity.azoo.shop/home/vulvaversity-kalender-2023-195077 (abgerufen am 11.12.2023)

163 Siehe https://www.thegreatwallofvulva.com/ (abgerufen am 11.12.2023)

164 Laura Leupi, »Das Alphabet der sexualisierten Gewalt«, in: bachmannpreis.orf.at, https://bachmannpreis.orf.at/stories/3206855/ (abgerufen am 11.12.2023)

165 Der Bewerb 2023 on demand, »Diskussion Laura Leupi«, in: bachmannpreis.orf.at, https://bachmannpreis.orf.at/stories/ondemand/ (abgerufen am 11.12.2023)

166 Alain Finkielkraut, Vom Ende der Literatur, 2023, München, S. 22

167 Maurice Conrad, »CSD in Sonneberg«, 16.7.2023, in: taz.de, https://taz.de/Protest-gegen-AfD-Landrat/!5944661/ (abgerufen am 11.12.2023)

168 Michel Foucault, Der Wille zum Wissen, S. 48 ff.

169 Sophie Passmann, Pick Me Girls, 2023, Köln, Zitate in chronologischer Reihenfolge: S. 192, 199, 9, 101, 164, 188 ff., 145, 193, 201, 196 ff., 91 ff.

170 Antje Rávik Strubel, Es hört nie auf, dass man etwas sagen muss, 2022, Frankfurt am Main, S. 22

171 Ebd. S. 30 ff.

172 Chimamanda Ngozi Adichie, »Wir sollten alle Feministen sein«,

12.4.2013, in: youtube.com, https://www.youtube.com/watch?v=hg3umXU_qWc (abgerufen am 14.12.2023)
173 Hannes Leitlein, »Was als Krise empfunden wird, ist eigentlich eine Wiederannäherung«, 4.4.2023, in: zeit.de, https://www.zeit.de/sinn/2023-03/kim-de-l-horizon-sinn-des-lebens/komplettansicht (abgerufen am 14.12.2023)
174 Kim de l'Horizon, Blutbuch, 2022, Köln, Zitate in chronologischer Reihenfolge: S. 125, 163, 31, 161
175 Enrico Ippolito, »Die Revolution ist schon hier«, 28.6.2020, in: spiegel.de, https://www.spiegel.de/kultur/queer-theoretiker-paul-preciado-die-revolution-ist-schon-hier-a-ffa66ee3-fd8c-4434-b4d9-1d0a7503183c (abgerufen am 18.12.2023)
176 Beatriz Preciado, Kontrasexuelles Manifest, 2003
177 Andrea Long Chu, Females – Alle sind weiblich, 2021, Leipzig, Zitate in chronologischer Reihenfolge: S. 19 ff., 34, 45 ff., 93, 72, 85 ff.

Kapitel VI: Wir verlernen das Spielen

178 Simon Strauss, »Viele haben Angst, sich zu Wort zu melden«, 4.10.2022, in: faz.net, https://www.faz.net/aktuell/feuilleton/buehne-und-konzert/interview-mit-sebastian-rudolph-ueber-klima-an-theatern-18359741.html (abgerufen am 7.1.2024)
179 Alexandra Kedves, »Wir werden dafür bezahlt, dass wir auch Dinge tun, die nicht gefallen«, 13.10.2022, in: tagesanzeiger.ch, https://www.tagesanzeiger.ch/wir-werden-dafuer-bezahlt-dass-wir-auch-dinge-tun-die-nicht-gefallen-913074440520 (abgerufen am 7.1.2024)
180 Emily Lau, »Bin ich nicht queer genug?«, 25.10.2023, in: zeit.de, https://www.zeit.de/zeit-magazin/2023/45/diskurs-gender-sexualitaet-wg-konflikt (abgerufen am 7.1.2024)
181 Lennardt Loss, »Wie liest sich Judith Hermanns Generationenbuch heute?«, 19.3.2023, https://www.faz.net/aktuell/feuilleton/buecher/themen/25-jahre-sommerhaus-spaeter-von-judith-hermann-18755406.html (abgerufen am 7.1.2024)
182 Georgios Tsakiridis, »Widerliche Protestaktion: Ampel hängt an Galgen, stecken Bauern dahinter?«, 6.1.2024, in: focus.de, https://amp.focus.de/regional/bayern/widerliche-protestaktion-ampel-haengt-an-galgen-stecken-bauern-dahinter_id_259552998.html (abgerufen am 7.1.2023)
183 T. Block, U. Freitag, I. Hormess, W. Ranft, »Was rollt da morgen auf uns zu?«, 7.1.2024, in: bild.de, https://m.bild.de/politik/inland/kolumne/die-woche-der-wut-was-rollt-da-morgen-auf-uns-zu-86659210.bildMobile.html?t_ref=https%3A%2F%2Fwww.google.com%2F (abgerufen am 7.1.2024)
184 Stanislaus Kossakowski, Eleonore Birkenstock, Karin Goeckel, »Appell zu

friedlichem Bauernprotest – Ampel-Galgen angezeigt«, 5.1.2024, in: br.de, https://www.br.de/nachrichten/bayern/appell-zu-friedlichem-bauernprotest-ampel-galgen-angezeigt,U0UVRFx (abgerufen am 7.1.2024)

185 Thomas Fischer, »Galgen für Ampel-Regierung in Sachsen aufgestellt«, 2.1.2024, in: bild.de, https://m.bild.de/regional/dresden/dresden-regional-politik-und-wirtschaft/sachsen-galgen-fuer-ampel-regierung-in-sachsen-aufgestellt-86607388.bildMobile.html?t_ref=https%3A%2F%2Fwww.google.com%2F (abgerufen am 7.1.2024)

186 Richard Sennett, Verfall und Ende des öffentlichen Lebens. Die Tyrannei der Intimität, 1995 (1974), Frankfurt am Main, S. 339

187 Ebd. S. 336

188 Ebd. S. 63

189 Ebd. S. 335

190 »Wir trinken unseren Cappuccino mit Hafermilch, weil wir uns um das Klima sorgen, und nicht weil wir uns für etwas Besseres halten«, schrieb die 2001 geborene Sozialdemokratin und Polit-Influencerin Lilly Blaudszun über ihre Generation. Lilly Blaudszun, »Die Generation Z ist nicht faul!«, 13.6.2023, in: zeit.de, https://www.zeit.de/sinn/2023-06/thomas-de-maiziere-gen-z-kirchentag (abgerufen am 11.1.2024)

191 Tim Black, »The intimate lives of others«, 28.1.2016, in: spiked-online.com, https://www.spiked-online.com/2016/01/28/the-intimate-lives-of-others/amp/ (abgerufen am 8.1.2024)

192 Susan Neiman, Links ist nicht woke, 2023, Berlin, S. 117 ff.

193 Helen Pluckrose, James Lindsay, Zynische Theorien, 2022, München, S. 28

194 Ebd. S. 40

195 Hubert L. Dreyfus, Paul Rabinow, Michel Foucault – Jenseits von Strukturalismus und Hermeneutik, 1994, Weinheim, »Interview mit Michel Foucault«, S. 268

196 Richard Sennett, Verfall und Ende des öffentlichen Lebens. Die Tyrannei der Intimität, S. 396

MIX
Papier aus verantwortungsvollen Quellen
FSC® C014889

Der Umwelt zuliebe
- produzieren wir zu über 90 % in Deutschland
- achten wir auf kurze Transportwege
- drucken wir auf Papier aus verantwortungsvollen Quellen

2. Auflage 2024
© 2024 Europa Verlag, ein Imprint der Europa Verlage GmbH, München
Umschlaggestaltung: Hauptmann & Kompanie Werbeagentur, Zürich,
unter Verwendung eines Fotos von © Joël Hunn
Lektorat: Silwen Randebrock, Berlin
Layout & Satz: Robert Gigler
Druck & Bindung: Pustet GmbH, Regensburg
ISBN 978-3-95890-613-6
Alle Rechte vorbehalten.

Europa-Newsletter: Mehr zu unseren Büchern und Autoren
kostenlos per E-Mail!
www.europa-verlag.com